Outdoor Books 13

오토캠핑 핸드북

이철규 지음

Autocamping Handbook

진선 books

서문

오토캠핑은 땅과 나누는 대화이다. 콘크리트와 현대문명에 길들여진 사람들이 도심에서 벗어나 자연 속에서 호흡하고 휴식하며 즐기는 아웃도어 활동이다. 자동차를 이용하여 자연에 쉽게 접근하는 장점 덕분에 해가 갈수록 주말에 오토캠핑을 즐기는 이들이 늘고 있다.

사람들이 캠핑을 떠나는 것은 편안한 휴식과 답답한 도심에서 느낄 수 없는 여유로움, 가족간의 사랑, 캠퍼들과의 만남 때문이다. 캠핑을 하다 보면 새삼 듣지 못했던 자연의 소리를 들을 수 있고, 때론 동심으로 돌아가 아이들과 뛰놀다 보면 새삼 가족의 소중함도 깨닫게 된다. 더욱이 마음이 통하는 캠퍼들과의 만남은 밤늦도록 이야기보따리를 풀게 하고 그 속에서 남다른 정을 쌓게 만든다.

캠핑은 수직적인 눈높이에 익숙한 캠퍼들에게 수평적인 눈높이로 세상을 보게 해 준다. 지위고하로 사람을 대하는 것이 아니라 자연 아래 모든 캠퍼가 동등함을 느끼고 깨닫게 만들어 준다. 자만하지 않고 포용하며 이웃과 친해지려는 마음, 이것이 캠핑이 우리에게 주는 가장 큰 즐거움이다.

이 책은 오토캠핑에 대한 기본 지식과 실제적인 활용 방법을 누구나 쉽게 이해하고, 편하게 따라할 수 있도록 구성했다. 특히 캠핑 초보자들에게 꼭 필요한 장비와 선택 방법, 텐트와 타프를 치는 방법, 여기에 필자가 캠핑을 하며 얻은 노하우 등을 빼곡히 담았다. 또한 핸드북 사이즈로 만들어 캠퍼들이 직접 캠핑장에서 들고 다니며 이용할 수 있도록 만들었다.

작은 책이지만 1년이 지나도록 인내심을 가지고 게으른 필자를 기다려 주신 진선출판사 허진 사장님과 책을 만드는 데 많은 도움을 준 안중용 디자인 팀장님 이하 직원 여러분께 깊은 감사의 말씀을 드립니다. 또한 캠핑 장비와 사진을 제공해 주신 콜맨코리아, 스노우피크코리아, 코베아 관계자 여러분께도 고마움을 전합니다.

모쪼록 이 책이 오토캠핑을 시작하는 초보 캠퍼와 주말마다 캠핑을 즐기는 캠핑 마니아 모두에게 꼭 필요한 정보가 되었으면 하는 바람입니다.

2009년 9월 **이철규**

이 책의 구성

이 책은 오토캠핑에 필요한 장비와 특징, 선택법 등을 다루고 있으며 실제 캠핑에 필요한 장비 설치 방법, 캠핑 사이트 구축 등 오토캠핑에 관한 실전 정보를 모두 담고 있다. 또한 캠핑 시 주의해야 할 부분과 알아 둬야 할 사항들을 팁으로 정리했다.

① 제1장 '장비를 고른다'를 세심하게 읽어 주기 바란다. 이 장은 캠핑 초보자들이 반드시 읽어야 할 부분으로 오토캠핑에 필요한 장비와 선택법 등을 담고 있다. 더불어 시중에 나와 있는 많고 많은 장비들 중 나에게 맞는, 내가 잘 활용할 수 있는 장비를 찾을 수 있는 안목도 키워 준다.

② 제2장 '캠핑을 한다'는 실질적으로 캠핑에 필요한 장이다. 이 장은 캠핑 사이트를 구축하는 방법과 텐트와 타프 치기, 랜턴 켜기, 사이트 주변 정리 등 실제 캠핑 순서에 맞춰 하나하나 알기 쉽게 설명했다. 사진을 보며 순서대로 따라 하기만 하면 초보자도 쉽게 캠핑을 배울 수 있다.

③ 오토캠핑을 하다 보면 가장 필요한 것 중 하나가 장비를 수리하고 보관하는 일이다. 제3장 '장비를 관리한다'는 랜턴이나 버너가 고장이 났을 때, 타프나 텐트 천이 찢어졌을 때 등 캠핑장에서 늘 일어날 수 있는 문제와 그에 대한 해결책을 담고 있다.

④ 캠핑은 자연으로 나가 자연과 호흡하는 아웃도어 활동이다. 하지만 자연은 언제든 무서운 흉기로 돌변할 수 있다. 제4장 '위험에 대처한다'에 자연 속에서 만나는 각종 위험에 대해 자세히 설명해 놓았다. 덧붙여 캠핑장 안전사고에 대해서도 조목조목 짚어 보았다.

⑤ 본문 중간 중간에 필자가 십 수년 간 캠핑을 하며 얻은 노하우를 박스나 팁 형식으로 수록했다. 현장에서 얻은 지식들인 만큼 실제 캠핑에 활용하다 보면 어느 순간 캠핑 고수가 되어 있는 자신을 발견하게 될 것이다.

⑥ 부록으로 전국에서 가 볼 만한 오토캠핑장을 엄선해서 실었다. 또한 생소한 캠핑 용어들을 본문에서 바로 찾을 수 있도록 '찾아보기'에 수록했다.

차례 CONTENTS

서문 02
이 책의 구성 03
장비 체크 리스트 06

제1장 장비를 고른다 09

오토캠핑이란 10
텐트 12
타프 16
캠핑 버너 18
매트리스 20
침낭 22
키친 테이블 24
캠핑 테이블 26
캠핑용 의자 28
랜턴 30
화로 32
바비큐 그릴 34
코펠 36
더치오븐 38
캠핑카와 캠핑 트레일러 40
기타 장비 42
트렁크에 장비 꾸리기 46

제2장 캠핑을 한다 47

캠프장에서 지켜야 할 에티켓 48
캠핑 사이트 선정 50
텐트 치기 전 유의사항 52
돔형 텐트 치기 54
거실형 텐트 치기 56
헥사 타프 치기 58
렉타 타프 치기 60
버너 켜기 62
랜턴 켜기 64

화로에 불 피우기 68
캠핑 사이트 정리 70
캠핑에 유용한 매듭법 72
아이들과 함께한다① 해먹 만들기 78

제3장 **장비를 관리한다** 79

텐트 관리 80
텐트 수리 82
타프 관리 85
타프 수리 86
버너 관리 88
랜턴 관리 90
버너와 랜턴 밸브 수리 92
화로 관리 94
코펠 관리 96
더치오븐 관리 98
아이들과 함께한다② 불 피우기 102

제4장 **위험에 대처한다** 103

독성 식물 104
벌에 쏘였을 때 106
뱀에 물렸을 때 107
눈이나 귀에 벌레가 들어갔을 때 108
강풍이 불 때 109
겨울철 안전사고 110
벼락이 칠 때 112
골절 113
화상 114
찰과상과 절상 115
LNT 프로그램 116

추천 오토캠핑장 23 118
찾아보기 127

장비 체크 리스트

캠핑장에 도착했을 때 필요한 장비가 없거나 소품이 없을 때만큼 당황스러운 경우도 없다. 텐트와 펙은 가져왔는데 폴이 없어 텐트를 치지 못하고, 랜턴은 있는데 휘발유가 떨어져 밤새 화롯불에 의지해 밤을 지새워야 할 수도 있다. 이것은 평상시 정리 정돈을 제대로 하지 않은 탓도 있지만 오토캠핑을 떠나기 전에 장비를 제대로 확인하지 않았기 때문이다.

이런 낭패를 예방하기 위해서 미리 장비 체크 리스트를 만들어 필요한 장비를 빠뜨리지 않고 챙기는 것이 중요하다. 또한 차에 장비를 실으며 재차 확인하는 습관을 들이는 것이 좋다.

	확인 여부	수선 여부	구입년도	비고
야영장비	거실형 텐트 ☐ (본체, 폴, 펙, 스트링)			거실형 텐트가 있으면 돔형 텐트는 굳이 필요 없다
	돔형 텐트 ☐			
	렉타 타프 ☐ (타프, 폴, 펙, 스트링)			2가지 타프 중 하나만 있으면 된다
	헥사 타프 ☐			
	어닝 ☐			비가 많이 오는 장마철에 유용하다
	방수포 ☐			
	이너매트 ☐			
	매트리스 ☐			
	야전침대 ☐			겨울 캠핑 때 유용하게 쓸 수 있다
	침낭 ☐			여름에는 가벼운 이불로 대신할 수 있다
조명장비	휘발유 랜턴 ☐			2가지 랜턴 중 하나만 있어도 된다
	가스 랜턴 ☐			
	전지 랜턴 ☐			
	맨틀 ☐			항상 여분을 준비한다
	휘발유 ☐			

	확인 여부	수선 여부	구입년도	비고
조리장비	투 버너 ☐			
	코펠 ☐			
	식기 세트 ☐			
	라이터 ☐			
	더치오븐 ☐			플레이트, 내열 장갑, 뚜껑 핸들(Lid Lifter), 더치오븐 스탠드도 필요하다
	화로 ☐			
	바비큐 그릴 ☐			
	그릴 브리지 ☐			
	차콜 브리켓 ☐			
	숯 ☐			장작도 가능하다
거실장비	테이블 ☐			IGT를 선택할 경우 없어도 된다
	의자 ☐			
	식탁보 ☐			
	IGT (아이언그릴테이블) ☐			멀티펑션테이블, 슬라이드 탑이 필요하다
	IGT 다리 ☐			
	랜턴 걸이 ☐			
기타장비	삼각대 ☐			
	차콜 스타터 ☐			더치오븐 요리 시 유용하게 쓰인다
	설거지통 ☐			
	쿨러 ☐			
	쿨러 스탠드 ☐			
	집게 ☐			
	오거나이저 ☐			
	릴 선 ☐			
	난로 ☐			
	주전자 ☐			
	휴지 ☐			
	알루미늄포일 ☐			

제1장
장비를 고른다

오토캠핑이란 · 10
텐트 · 12
타프 · 16
캠핑 버너 · 18
매트리스 · 20
침낭 · 22
키친 테이블 · 24
캠핑 테이블 · 26
캠핑용 의자 · 28
랜턴 · 30
화로 · 32
바비큐 그릴 · 34
코펠 · 36
더치오븐 · 38
캠핑카와 캠핑 트레일러 · 40
기타 장비 · 42
트렁크에 장비 꾸리기 · 46

오토캠핑이란

오토캠핑은 자동차를 뜻하는 오토(Auto)와 야영을 뜻하는 캠핑(Camping)이 합쳐진 말이다. 말 그대로 '자동차를 타고 자유롭게 여행을 다니다 마음에 드는 곳에 짐을 내려 여유 있게 캠핑을 즐기는 것'을 뜻한다. 다른 레저 활동보다 손쉽게 접근할 수 있어 오토캠핑을 즐기는 사람들이 갈수록 늘고 있다.

가족과 함께할 수 있다는 것이 오토캠핑의 가장 큰 매력이다.

오토캠핑은 자동차에 텐트와 각종 캠핑 장비를 싣고 도심을 벗어나 자연 속에서 즐기는 레저 활동을 말한다.

국내에서 오토캠핑은 캠핑 트레일러(Camping Trailer)나 모터 홈(Motor Home)을 모는 정통 오토캠핑부터 스포츠유틸리티 차량(SUV)이나 일반 승용차로 떠나는 캠핑까지를 모두 포함하고 있다.

일부에서는 이를 두고 오토캠핑이 아니라 '텐트 캠핑'이라고 부르기도 한다. 물론 미국이나 유럽처럼 땅이 넓은 나라에서는 목적지를 향해 몇 날 며칠을 가야 하기 때문에 캠핑용 차량이 필요하겠지만 모든 목적지가 하루 생활권에 있는 우리나라에서는 텐트를 치고 즐기는 오토캠핑이 더 적합하다.

오토캠핑은 자연에서 즐기는 여러 아웃도어 활동 중 일반인이 가장 쉽게 접근할 수 있는 종목이다. 이것은 차가 주요 이동 수단이기 때문에 가능한 일이다. 차에 짐을 챙겨 원하는 목적지까지 빠르게 접근할 수 있으며 캠핑 사이트가 마

오토캠핑을 즐기려면 약간의 불편함을 감수할 줄 알아야 한다.

음에 들지 않거나 기상 악화 등으로 캠핑이 어렵다면 집으로 돌아오기도 쉽기 때문이다. 등산처럼 배낭을 메고 이동하거나 짐을 직접 옮기지 않아도 된다.

오토캠핑은 우리네 생활 공간을 도심에서 자연으로 옮겨 놓는다. 야외에서도 마치 집 안에 있는 것처럼 편안함을 느끼려면 여러 장비가 필요하다. 눈·비와 바람 등을 막아 주는 텐트, 땅의 냉기를 차단해 주는 매트리스, 체온을 유지시켜 주는 침낭, 각종 먹을거리를 조리할 취사도구, 가족 간의 대화 공간을 제공하는 테이블 등을 꼽을 수 있다.

하지만 차 뒷좌석에 아이들을 태우고 나면 트렁크에 짐을 싣는 데는 한계가 있기 마련이다. 이 때문에 유쾌한 오토캠핑을 위해선 꼭 필요한 장비만 챙겨 가는 지혜와 얼마간의 불편함을 감수할 줄 아는 인내심이 필요하다. 캠핑장에서 집에서처럼 똑같은 문화 혜택을 누리려고 한다면 본인만 힘들 뿐이다. 그 때문에 자연이 주는 아름다움과 신비로움, 여유로운 휴식을 날려 버릴지도 모른다.

오토캠핑은 펜션이나 호텔에서 편히 지내는 것이 아니다. 맨땅에서 하는 야영이며 노숙이다. 기계적이고 도시적인 삶에서 벗어나 맨몸으로 대지와 호흡하며 자연이 주는 생명의 기운을 느끼는 것이다. 이런 사실들을 숙지하고 캠핑을 즐길 의지만 있다면 1박 2일의 오토캠핑을 통해 온 가족이 즐거운 한때를 보낼 수 있다.

텐트

누구나 캠핑 하면 첫손에 꼽을 장비가 바로 텐트다. 많은 초보 캠퍼들이 가장 먼저 구입하는 장비 중 하나인 텐트는 아웃도어에서 가장 많은 시간을 보내는 공간인 만큼 구입에 신중을 기해야 한다. 인원수, 계절, 주 이용 장소 등을 종합적으로 고려해서 구입한다.

아웃도어에서 텐트는 캠퍼들의 '집'이다.
사진 제공 스노우피크코리아

텐트의 종류

텐트는 바람과 비 같은 외부 날씨를 차단해 실내에서 포근함과 안락함을 느끼게 해 주는, 캠핑에서 반드시 필요한 장비다. 오토캠핑용 텐트는 형태에 따라 캐빈형과 거실형, 돔형, 자동 텐트 등으로 나눈다.

캐빈형 텐트

캐빈형 텐트는 작은 오두막을 연상하게 해 붙은 이름이다. 이 텐트는 플라이와 텐트 본체 사이에 있는 빈 공간을 주방으로 사용할 수 있다. 다만 거실형 텐트보다 공간이 좁고, 텐트를 지지해 주는 폴을 조립하는 데 시간이 많이 걸린다.

▶▶▶ 텐트 치기 전 유의사항 52쪽

보통 텐트 앞에 타프(Tarp)를 쳐, 취침 공간과 거실 공간으로 분리해 사용한다.

거실형 텐트

거실형 텐트는 여러 사람이 앉을 수 있는 거실 공간을 갖춘 텐트다. 이 공간은 취침 공간이 아니기 때문에 텐트에서 가장 중요한 부분인 바닥이 없다. 이 때문에 거실형 텐트는 잠을 잘 수 있는 이너 텐트(Inner Tent)를 따로 연결하여 취침 공간으로 활용한다.

오토캠핑 초보자들이 가장 큰 관심을 보이는 것이 바로 거실형 텐트다. 제조사마다 고유 명칭이 있는데 스노우피크는 리빙쉘, 코베아는 캐슬, 오가와는 로지돔으로 부른다. 제품명은 다르지만 중앙에 테이블을 놓을 수 있는, 바닥이 없는 텐트를 말한다. 일본에서는 은신처를 뜻하는 셸터(Shelter)라고 부르기도 한다.

돔형 텐트

돔형 텐트는 둥그런 구를 절반으로 잘라 놓은 모양으로 가볍고 설치하기도 쉽다. 이 텐트는 비바람에 강한 구조로 설계돼 전문등반이나 동계등반에 적합하다. 다만 텐트 높이가 낮고 출입구가 좁다는 게 흠이다. 돔형 텐트는 4~6인 정도가 쓰기에 적합하며, 연결 터널을 이용해 거실형 텐트와 함께 쓸 수 있다.

자동 텐트

휴가철에 일반인들이 많이 사용하는 자동 텐트는 환기구가 넓고 통기성이 뛰어나 여러 명이 함께 이용할 수 있다. 하지만 바람에 약하고 텐트 중앙에 자리한 자동 스프

링 부분에 이물질이 들어가거나, 녹이 슬 경우 제대로 작동하지 않는다는 단점이 있다. 또 폴과 폴을 연결하는 연결 부위가 약해 겨울철 캠핑에는 적합하지 않다.

텐트 구성과 소재

텐트는 본체, 비와 자외선을 막아 주는 플라이, 본체의 뼈대가 되는 폴(Pole), 폴과 텐트를 고정해 주는 펙(Peg)으로 구성된다. 오토캠핑용 텐트는 설치와 해체가 쉽고 무게는 가벼우며 천은 질겨야 한다. 이런 제품을 구입하기 위해서는 텐트의 소재별 특징을 잘 알고 있어야 한다. 보통 텐트를 포장한 박스 하단이나 제품 설명서 한쪽에 텐트의 재질과 특성을 표시해 놓았다.

폴

텐트에서 기둥 역할을 하는 것이 폴이다. 폴 소재로는 파이버글라스(Fiberglass), 두랄루민(Duralumin),

알루미늄(Aluminum) 등을 많이 쓴다. 유리 섬유로 만든 파이버글라스 폴은 탄성이 매우 좋고 가벼운 것이 큰 장점이다. 하지만 충격에 약하고 휘어짐이 심해 강풍이 부는 날이나 겨울철에는 사용하기 어렵다.

두랄루민 폴과 알루미늄 폴은 무게가 가볍고 쉽게 부러지지 않아 타프나 대형 텐트에 많이 쓴다.

천

나일론 소재로 만드는 텐트 천은 직조 방법에 따라 태피터(Taffeta), 립스톱(Ripstop), 옥스퍼드(Oxford) 등으로 나누는데 일반적으로 나일론 립스톱과 옥스퍼드를 많이 사용한다.

나일론 소재의 원단은 D(Denier)와 T(Density)로 특징을 표시하는데 데니어는 실의 굵기를 나타내며 덴서티는 실의 수를 나타낸다. 1D는 나일론 1g으로 9,000m의

실을 뽑아냈을 때의 굵기를 뜻하며 데니어 숫자가 클수록 실이 굵고 튼튼하다. 반대로 숫자가 작을수록 무게는 가볍고 내구성은 떨어진다.

1T는 1제곱인치(약 6.4516㎠) 원단에 들어가는 실의 수를 나타낸다. 예를 들어 210T라면 1제곱인치 원단 내에 210개의 올이 들어갔음을 의미한다. 보통 텐트 천은 210T나 270T 원단을 많이 쓴다.

코팅

```
제 원 표 시
규   격: 560 * 440cm (W * L)
중   량: 3.8kg
MATERIAL: P/OXFORD 210D 3,000mm
          PU "TEFRON+UVP+PIGMENT"
FRAME: Meterial. Alu. Pole #6061
       Main: Dia 300mm 280cm(5sec) * 2ea
       Side: Dia 22mm 180cm(3sec) * 4ea
ACCESSORIES
       GUY ROPE P.P String Dia 6mm 10M * 2ea
       GUY ROPE P.P String Dia 6mm 4.5M * 4ea
원산지  Made in China
```

천 소재와 종류를 알았다면 다음으로 고려해야 할 것이 코팅이다. 텐트에는 PU코팅(Polyurethane Coating)과 UV코팅(Ultraviolet Coating)을 많이 쓴다. PU코팅으로 열에 견디는 내열성과 마찰에도 쉽게 해지지 않는 내마모성을 강화할 수 있다. UV코팅은 자외선을 차단시켜 준다. 일반적으로 쓰는 텐트와 타프에는 이 2가지 코팅이 기본적으로 들어가 있다.

내수압

코팅과 함께 꼼꼼히 따져 봐야 할 것이 텐트와 플라이의 내수압이다. 초보자의 경우 내수압 표시인 WP(Water Proofness)와 발수 가공 능력 표시인 WR(Water Repellent)를 헷갈릴 때가 많은데 WP은 원단의 방수 기능, WR는 생활 방수 기능을 나타낸다. 내수압이란 원단에 압력을 가해 물이 통과하는 정도를 측정한 것으로 내수압이 1500mm라면 이는 원단 1mm당 1500ℓ의 물을 부었을 때까지 견딘다는 뜻이다. 보통 내수압이 1500mm 이상인 제품을 많이 쓴다.

거실형 텐트가 없다고 기죽지 말자

거실형 텐트가 없어도 타프와 돔형 텐트만 있으면 충분히 캠핑을 즐길 수 있다. 돔형 텐트를 취침 공간, 타프를 거실 공간으로 활용하면 한 가족 캠핑으로 충분하다. 전국에 있는 자연휴양림의 야영 데크(Deck) 길이가 대부분 3m×3m 이하이기 때문에 거실형 텐트를 치기가 어렵다. 이곳에서는 오히려 거실형 텐트가 무용지물이 되기 쉽다.

타프

타프는 가장 먼저 설치하고 맨 나중에 거두는 캠핑 장비다. 특히, 비 오는 날 장비가 비에 젖을까 봐 노심초사하는 초보 캠퍼들에게 유용하게 쓰인다. 캠핑장 도착 즉시 타프를 설치하고 차를 타프 밑으로 옮겨서 장비를 내리면 장비가 비에 젖을 염려가 없다. 타프는 겨울을 제외한 3계절 캠핑의 필수품이다.

한여름에는 텐트 대신 타프만 치고도 캠핑이 가능하다.

사진 제공 스노우피크코리아

타프(Tarp)는 배에 선적한 물건을 덮는 방수포인 타폴린(Tarpaulin)에서 유래했다. 타폴린이 캠핑에 이용되면서 '방수 기능을 지닌 천막'을 타프라고 부르게 되었다.

타프는 모양에 따라 사각형인 렉타 타프(Recta Tarp)와 육각형인 헥사 타프(Hexa Tarp)로 구분한

코베아 헥사 타프

콜맨 웨더마스터 스퀘어 타프

다. 사면이 개방된 **렉타 타프**(스퀘어 타프)는 공간 활용이 용이하고, 여러 사람이 함께 이용할 수 있으며 폭우나 폭풍 시 타프의 한쪽 면을 꺾어 비바람을 막는 용도로도 활용할 수 있다.

헥사 타프는 바람에 강하고 안락

▶▶▶ 헥사 타프 치기 58쪽, 렉타 타프 치기 60쪽

한 공간을 제공하지만, 비바람이 불 때면 타프 안쪽으로 비가 들이칠 수 있다. 이 때문에 헥사 타프는 서너 명이 캠핑할 때 적합하다. 타프는 타프 천과 폴, 스트링(String, 펙과 타프를 연결하는 끈)으로 구성된다. 타프 천은 마찰에 강한 나일론 옥스퍼드를 많이 사용하며 75D~210D까지를 많이 쓴다. 폴은 가볍고 내구성이 뛰어난 두랄루민을 많이 쓴다. 특히, 폴은 캠핑 장소나 상황에 맞게 높이 조절이 가능한 제품이 좋다. 보통 폴

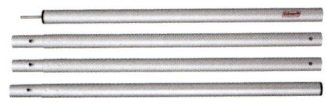

가볍고 내구성이 뛰어난 두랄루민 폴

의 맨 아랫부분(단)을 접어서 사용하거나, 높이 조절이 가능한 폴을 따로 구입하기도 한다.

스트링은 굵기가 5mm 이하인 것을 많이 쓴다. 너무 가는 스트링은 강풍에 쉽게 끊어질 수 있고, 너무

5mm 이하 굵기의 스트링을 많이 쓴다.

굵으면 스트링 길이를 조절하는 스토퍼 구멍을 통과할 수 없다. 바람이 심하거나 폭우가 내릴 때는 스트링을 최대한 팽팽하게 당겨 폴이 이탈하지 않도록 한다.

타프를 구입할 때는 타프 천에 폴을 끼우는 고리 부분의 박음질이 제대로 되어 있는가를 유심히 살펴야 한다.

또한 타프 전체 길이의 1/2 지점에 물고임 방지를 위한 폴 연결용 고리가 있는지도 봐야 한다. 타프는 내수압이 1500mm 이상인 제품을 선택하는 것이 좋다.

내수압은 무조건 높아야 한다?

텐트와 타프의 내수압이 높다고 반드시 좋은 것만은 아니다. 텐트와 타프는 방수와 방풍 기능이 주목적이다. 내수압이 높다는 것은 그만큼 천 조직이 조밀하다는 뜻이며 방수와 방풍에도 효과적이다. 하지만 바람과 햇빛이 통과할 가능성이 낮다는 말도 된다. 따라서 겨울에 춥다고 텐트 출입구와 환기구를 모두 막아 놓고 화로를 피울 경우 환기가 되지 않아 질식사할 수도 있다.

▶▶▶ 타프 관리 85쪽, 타프 수리 86쪽

캠핑 버너

사용의 편리성만큼은 가스 버너가 단연 최고지만 부피가 크고 기온의 영향을 많이 받아 혹한기에는 화력이 약해지는 단점이 있다. 휘발유 버너는 화력이 세고 기온에 영향을 덜 받지만 불을 붙이려면 펌프질을 해야 하는 불편함이 있다.

먹는 재미가 반인 캠핑에서 버너는 빠질 수 없는 장비다.

캠핑 버너는 정식 명칭이 캠핑 스토브(Camping Stove)지만 통상 캠핑 버너라는 명칭으로 불린다. 캠핑 버너는 사용하는 연료에 따라 휘발유 버너(가솔린 버너)와 가스 버너, LPG 버너로 구분하며 점화구가 1~3개인 제품이 판매되고 있다. 점화구가 하나인 버너는 부피가 작아 등산이나 낚시에 적합하며, 2개 이상인 버너는 밥과 찌개를 동시에 할 수 있어 오토캠핑에 적합하다.

휘발유 버너는 화력이 강하고 온도에 영향을 덜 받아 겨울철 캠핑에 적합하다. 또한 가스 버너보다 시간당 연료 소모량도 적다. 다만 연료통 내부에 펌프질을 해 내부 압력을 높여야만 점화가 가능하고 미세한 불 조절이 힘든 것이 단점이다. 연료인 화이트가솔린은 등

콜맨 투버너 파워하우스

산전문점에서만 구입할 수 있다.

가스 버너는 무게가 가볍고 누구나 쉽게 사용할 수 있는 것이 장점으로 연료인 부탄가스나 이소부탄(Isobutane)도 쉽게 구입할 수 있다. 다만 액화 상태인 연료통 가스가 기체로 변하는 기화점이 5도 정도라 기온이 떨어지는 겨울에는

▶▶▶ 버너 켜기 62쪽, 버너 관리 88쪽

코베아 캠프56 티타늄 스토브

호스 연결형 버너는 연료통을 점화부에 직접 연결하지 않는 만큼 무게 중심을 낮출 수 있어 무거운 코펠을 올려놓아도 안정적이다. 화력 조절 레버도 연료통 연결 부위에 위치해 일체형보다는 불 조절이 쉽다.

점화구가 2개인 버너(투 버너)는 동시에 2 가지 요리를 할 수 있다. 또한 버너 위에 코펠을 얹어 놓는

제대로 작동하지 않는 단점이 있다. 이 문제를 해결하기 위해 부탄가스에 기화점이 낮은 프로판가스를 20% 정도 넣어 겨울에도 사용할 수 있도록 만든 것이 이소부탄이다. 영하 10도에서도 사용할 수 있다.

버너는 제조사마다 형태가 다르지만 크게 연료통에 호스를 연결해 사용하는 제품과 버너 본체에 직접 연료통을 연결해 사용하는 제품으로 나눌 수 있다. 점화부에 직접 연료통을 연결하는 일체형 제품은 가볍고 점화가 쉽지만 화력 조절 밸브가 점화부 밑에 있어 사용 중에 불 조절이 어렵다.

코베아 ALⅡ 쉐프 마스터 호스 트윈 스토브

스탠드가 있기 때문에 음식물을 쏟을 위험이 적고 화력 조절 레버가 조리하는 사람 쪽에 있어 불 조절도 쉽다. 다만 부피가 크고 무거워 이동과 수납이 쉽지 않다.

휘발유 버너의 펌프질 횟수

휘발유 버너에 불을 붙이려면 펌프질을 해야 하는데 얼마나 펌프질을 해야 불이 붙을까? 화이트가솔린이 제대로 기화하려면 보통 40회 정도 펌프질을 해야 한다. 귀찮고 힘들어도 불을 붙이려면 어쩔 수 없다.

▶▶▶ 버너와 랜턴 밸브 수리 92쪽

매트리스

텐트 바닥에 깔아 놓는 매트리스는 지면과 침낭 사이에 공기층을 만들어 냉기가 몸에 직접 닿지 않도록 차단해 주며, 울퉁불퉁한 바닥으로 인한 수면의 불편함도 줄여 준다.

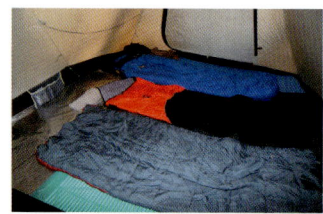

매트리스는 침낭과 함께 아늑한 잠자리를 만들어 주는 보온 장비다.

매트리스는 내부 충전재에 따라 에어 매트리스, 합성수지를 이용한 스펀지 매트리스, 에어 매트리스에 합성수지를 넣은 에어&폼 매트리스, 은박 매트리스 등으로 나눈다.

에어 매트리스는 내부에 공기를 주입해 침낭과 지면 사이에 공기층을 만들어 냉기를 차단한다. 사

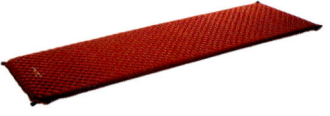

코베아 골드 캠퍼 에어매트리스

용 후 공기를 빼면 부피가 작아져 휴대도 간편하다. 여름철에는 물놀이 기구로도 활용할 수 있다. 다만 사용할 때마다 공기를 넣어 줘야 하고 칼이나 날카로운 돌멩이, 모래로 인해 쉽게 구멍이 난다는 단점이 있다. 또한 장시간 햇빛에 노출될 경우 겉 표면이 약해질 수 있다.

가장 널리 쓰이는 **스펀지 매트리스**는 폴리에틸렌 조직에 공기를 넣어 미세한 공기층을 만든 것으로 가볍고 저렴한 가격이 장점이다. 여러 사람이 땅바닥에 앉을 때 깔개

캐스케이드 디자인 릿지레스트 레귤러

로 사용할 수도 있고 사용 후 둘둘 말아서 보관하면 된다.

겨울 캠핑에 많이 이용하는 **에어&폼 매트리스**는 내부에 발포 합성수지(폴리우레탄)를 넣고 겉 표면을 내구성이 뛰어난 나일론 소재로 감싼 것이다.

이 매트리스는 에어 밸브를 열어 주면 내부의 발포 합성수지가 원

유니프레임 OD 베드 프리미엄

래 형태를 찾아가기 위해 부풀어 오르면서 공기가 자동으로 주입된다. 둥글게 말아서 휴대할 수 있어 간편하고 무게도 가볍다. 다만 가격이 비싼 편이고 매트리스에 구멍이 나면 수선이 어렵다는 단점이 있다.

여름철에 많이 쓰는 **은박 매트리스**는 값싸고 가벼운 게 장점이지만 잘 찢어지고 에어 매트리스나 스펀지 매트리스보다 냉기 차단 능력이 떨어진다.

하지만 은박 매트리스를 에어 매트리스나 스펀지 매트리스 밑에 깔면 냉기와 습기 차단 기능이 2배로 높아진다.

은박 매트리스를 깔 때 은박 부분이 위에 오도록 하는 사람이 많은데, 은박 매트리스는 은박 부분이 지면을 향해야 습기를 차단할 수

콜맨 투어링 텐트 이너매트

있다. 반대로 깔면 스펀지가 습기를 먹어 오히려 기능이 떨어지게 된다.

겨울철 따뜻한 수면을 위해 군대에서 사용하는 3단 매트리스를 가져오는 캠퍼들이 더러 있다. 3단 매트리스는 두께가 두꺼워 냉기 차단 능력은 뛰어나지만 폭이 넓고 부피가 커 운반이 쉽지 않고 무겁다는 단점이 있다.

바닥의 냉기는 매트리스를 이중으로 만들어 차단하자

겨울 캠핑에서 가장 무서운 적은 땅바닥에서 올라오는 냉기다. 전기 시설이나 보일러 시스템을 가동하면 문제가 없지만 비상시를 대비해서 매트리스를 이중으로 깔아 보자. 먼저 스펀지 매트리스를 깔고 그 위에 에어&폼 매트리스를 깔거나 스펀지 매트리스를 이중으로 깔아 보자. 따뜻함의 차이를 바로 느낄 수 있을 것이다. 두꺼운 옷 한 벌보다 얇은 옷 두 벌이 훨씬 따뜻한 법이다.

침낭

따뜻한 잠자리를 제공해 주는 침낭은 초기에는 풀솜을 속에 깔아 썼다고 한다. 지금은 화학섬유로 만든 솜이나 고가의 거위 털을 방수 천으로 싸서 자루 모양으로 만든 것이 대부분이다.

침낭은 아웃도어에서 덮고 자는 이불이다. 사계절 언제나 필요한 핵심 장비다.

침낭(Sleeping Bag)은 캠핑 생활에서 가장 중요한 장비 중 하나로 취침 시 체온이 밖으로 빠져나가는 것을 막아 주고, 외부의 찬 공기가 몸 안으로 들어오는 것을 차단해 준다.

침낭은 형태에 따라 몸 전체가 들어가는 머미(Mummy)형 침낭과 이불 형태로 펼쳐서 사용하는 사각형 침낭으로 나눈다.

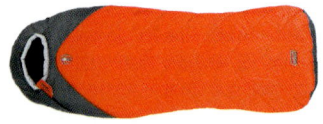

콜맨 타스만X

1~2인용 침낭에 많이 쓰는 **머미형 침낭**은 측면의 지퍼와 머리 부분의 조임줄을 이용해 체온 손실을 최소화할 수 있다. 하지만 체온 손실이 적은 대신 내부 공간이 좁아 침낭을 처음 사용하는 사람은 답답함을 느낄 수 있다.

사각형 침낭은 이불처럼 펼쳐 사용하며 아이와 함께 침낭에 들어가도 될 만큼 내부가 넉넉해서 가

콜맨 슬리핑 백 클래식

족이 함께 사용하기에 적합하지만 머리와 어깨 부분이 개방돼 있어 체온 손실이 많고 냉기가 들어오기 쉽다.

침낭은 내부 충전재에 따라 우모 침낭, 파일 침낭, 솜 침낭, 할로필(Hollofill)이나 퀄로필(Quallofill) 같은 인조 솜 침낭으로 구분한다. 침낭 중 최고 제품은 단연 **우모 침낭**이다. 가볍고 부피를 취소화할 수 있으며 뛰어난 복원력과 보온

력까지 갖추고 있다. 특히 거위 가슴 털로 만든 침낭이 가장 비싸고 성능도 탁월하다.

다나 알피니스트A

우모 침낭을 구입할 때는 충전재의 양과 함께 필 파워(Fill Power)를 필히 확인해야 한다. 필 파워는 거위나 오리털 24g을 하루 동안 압축한 뒤, 압축을 풀었을 때 복원되는 정도를 측정한 것이다. 필 파워가 700~800 이상이면 대체로 뛰어난 보온성을 자랑한다. 보온력은 뛰어나지만 가격이 비싸고 비에 젖으면 쉬이 마르지 않는 것이 우모 침낭의 단점이다.

폴라폴리스로 만든 **파일 침낭**은 가볍고 부피가 작아 여름철에 사용하기 적당하다.

캠핑 초보자들은 침낭 대신 이불을 사용하곤 하는데, 이불은 부피가 커 차 트렁크에 넣기 힘들다. 이불보다는 착용감과 보온력이 뛰어난 파일 침낭을 사용하는 것이 좋다.

솜을 넣어 만든 **솜 침낭**은 포근하고 보온력이 뛰어나며 땀 흡수 능력이 탁월하다. 다만 물에 젖으면 보온력이 떨어지고 쉽게 마르지 않는 단점이 있다.

인조 솜 침낭은 침낭 내부를 합성섬유(할로필, 퀄로필)로 채운 것으로 합성섬유에 나 있는 미세한 구멍에 공기가 들어가 냉기를 차단해

콜맨 프런티어 후드

준다. 인조 솜 침낭은 비를 맞아도 쉽게 젖지 않으며 우모 침낭에 비해 건조 속도도 3배나 빠르다. 하지만 수납 시 부피가 크고 무겁다는 단점이 있다.

침낭을 구입할 때는 캠핑 시기와 인원 등을 고려해 선택하는 것이 좋다. 사계절 캠핑을 즐길 요량이라면 동계용으로는 우모 침낭, 하계용으로는 파일이나 솜 침낭을 구입하는 것이 좋다.

혹시 기존에 사용하던 침낭이 있다면 고가의 침낭을 구입하기보다는 인조 솜 침낭을 구입해 이중으로 사용하면 더 효과적이다.

키친 테이블

다양한 음식 재료를 이용해 자신만의 요리를 만드는 공간인 키친 테이블 역시 오토캠핑에서 빠질 수 없는 장비다. 설치와 보관의 편리성, 사용자의 허리 높이 등을 고려하여 제품을 구입한다.

야외에서 주방 역할을 하는 키친 테이블

키친 테이블은 조리 공간과 수납 공간으로 나눈다. 키친 테이블을 선택할 때 우선 고려해야 할 점은 상판이 넓어야 한다는 것이다. 키친 테이블은 직접 음식을 만드는 공간인 만큼 테이블 상판이 넓어야 재료를 손질하기 쉽고 식기를 놓기에도 좋다.

그리고 사용자의 키 높이에 맞는 제품을 선택해야 한다. 주방의 싱크대가 그렇듯 너무 낮거나 높으면 허리가 아프기 때문이다. 또한 조리도구를 수납할 수 있는 공간이 있는가도 중요하다.

음식을 만들려면 식기나 쟁반, 칼은 물론이고 주걱, 가위 등도 필요한데 이런 도구들을 키친 테이블 한쪽에 걸어 두거나 수납할 수 있어야 한다.

설치와 운반, 보관도 고려해야 한다. 오토캠핑은 자동차를 이용하는 레저 활동인 만큼 트렁크에 넣을 수 없는 제품은 쓸모가 없다. 트렁크나 루프 박스에 키친 테이블을 수납하려면 부피를 최대한 줄인 제품이어야 한다.

현재 시중에는 미국과 일본, 국내 업체가 생산한 10여 개의 키친 테이블 제품이 있다.

콜맨에서 나온 콤팩트 키친 테이

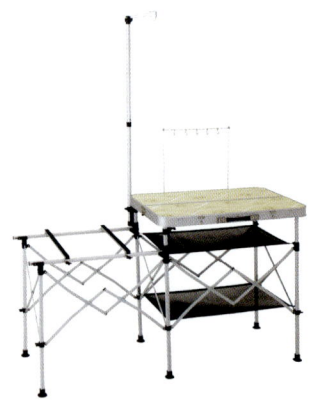

콜맨 콤팩트 키친 테이블

블과 유니프레임의 키친 스탠드 DX, 스노우피크의 IGT(Iron Grill Table, 아이언 그릴 테이블)가 대표적이다.

콜맨의 콤팩트 키친 테이블은 알루미늄과 프린트 합판을 사용해 무게가 가볍고 수납 시 부피를 최소화할 수 있어 운반과 보관이 쉽다. 또한 조리도구를 걸 수 있는 행거와 랜턴 걸이가 달려 있어 야간에 요리하는 데 전혀 불편함이 없다. 특히, 버너 스탠드의 길이를 자유롭게 조절할 수 있어 다른 회사 버너도 이용할 수 있다.

유니프레임 키친 스탠드 DX

유니프레임의 키친 스탠드 DX는 스테인리스 스틸을 기본 프레임으로 사용했으며 버너와 조리도구를 올려놓는 상판은 대나무 집성판을 사용했다. 콜맨 제품과 달리 식기를 수납할 수 있는 공간을 따로 마련했으며 설치도 쉽다. 수납 시 부피를 줄이는 데 한계가 있는 것이 단점이다.

스노우피크의 IGT는 키친 테이블

스노우피크 키친 테이블

이 조리 공간이라는 개념을 깬 제품으로 조리 공간과 식사 공간을 하나의 제품 안에 구현했다. IGT는 사이드테이블이나 코너테이블, BBQ 박스, 더치오븐 등의 연결 소품을 이용해 자신만의 주방 공간을 만들 수 있다. 또한 300mm, 400mm, 660mm, 830mm의 다리 세트를 이용해 자유로운 높이 조절도 가능하다. 다만 IGT를 구성하려면 비용이 많이 든다.

국내 제품으로는 버팔로와 더캠프에서 나온 키친 테이블이 있다. 버팔로의 키친 테이블은 가벼운 알루미늄 프레임을 사용했으며 선반 부분을 마음대로 탈착할 수 있다.

또한 조리도구를 걸어 두는 소품 걸이가 있다. 더캠프 제품은 IGT와 구성이 비슷하지만 상대적으로 가격이 저렴해 캠퍼들에게 인기를 끌고 있다.

캠핑 테이블

캠핑 테이블은 캠핑에 참가한 이들이 모여 앉아 식사나 대화를 나누는 공간이며 밤이 되면 캠핑장에서 처음 만난 캠퍼들과 수인사를 나누며 정겹게 술 한잔을 나누는 모임의 장소가 되기도 한다.

캠핑 테이블은 재질과 크기, 용도에 따라 종류가 다양하다.

캠핑 테이블은 상판과 다리 부분으로 구성되어 있다. 상판을 대나무 집성목으로 만든 제품과 알루미늄 제품, 알루미늄 틀에 프린트 합판을 끼워 만든 제품이 있다.

스노우피크 원 액션 테이블 롱 대나무

대나무 집성목으로 만든 테이블은 깔끔하고 자연 친화적인 느낌을 주어 캠핑의 품격을 높여 준다. 하지만 가격이 너무 비싸고 뜨거운 코펠을 올려놓거나 물에 젖으면 나무가 약해진다는 단점이 있다.

알루미늄으로 만든 테이블은 가격이 저렴하고 가벼우며 튼튼하다. 또한 녹이 잘 슬지도 않고 쉽게 지

콜맨 피크닉 벤치 세트

저분해지지도 않는다. 알루미늄 상판은 알루미늄 바를 고무 밴드로 연결한 제품이 많은데, 이런 제품은 상판을 이루는 알루미늄 바를 차곡차곡 접어 부피를 줄일 수 있다. 다만 알루미늄 바를 연결한 줄이 끊어질 수 있고 바와 바 사이에 이물질이 들어갈 경우, 청소가 쉽지 않은 문제가 있다.

알루미늄 틀에 프린트 합판을 끼운 테이블은 나무로 만든 테이블

코베아 4 폴딩 테이블

보다 가격은 저렴하지만 날카로운 물건에 의해 강한 충격을 받게 되면 구멍이 날 수 있고, 뜨거운 코펠을 올려놓으면 표면에 자국이 남기도 한다.

캠핑 테이블 다리 부분은 안전성과 수납의 편리성을 고려해 제품마다 구조가 조금씩 다르다. 크게 상판에 다리 부분이 고정돼 있는 일체식과 착탈식으로 구분한다.

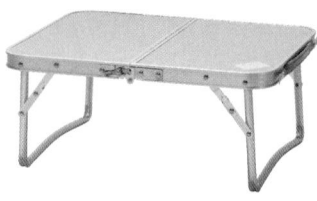

코베아 미니 테이블

일체식 제품은 상판에 붙은 다리 부분을 접거나 상판 뒷면에 붙여 수납하는 형태로 콜맨에서 나온 윙 테이블, 다용도 롤 테이블, 3폴딩 테이블 등을 들 수 있다. 일체형은 착탈식보다 다소 부피가 큰 편이다.

착탈식 제품은 상판을 분리할 수 있어 수납 시 부피가 줄어들어 트렁크에 넣기 편하다. 다만 설치하고 수납하는 데 시간이 걸리고 가격도 비싼 편이다. 착탈식 제품으로는 스노우피크의 폴딩 테이블, 콜맨의 알루미늄 롤 탑테이블 등이 대표적이다.

캠핑 테이블을 구입할 때는 캠핑 참가 인원수, 가격, 수납 시의 부피 등을 고려해 선택한다. 여기에 캠핑용 의자와의 조화나 높이

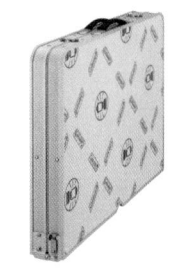

다리와 상판을 접어 수납 시 부피를 최소화할 수 있다. 사진은 콜맨 폴딩 테이블이다.

도 고려해야 한다. 어린아이가 있다면 테이블 높이를 조절할 수 있는 제품이 좋으며, 조리 기능을 겸비한 제품을 원한다면 스노우피크의 IGT를 선택하면 된다.

캠핑 테이블은 인원수보다 조금 큰 사이즈를 구입하는 것이 좋다. 그리고 테이블과 의자가 함께 들어 있는 제품보다 테이블과 의자를 따로따로 구입하는 것이 일반적이다. 보통 메인 테이블을 구입한 후, 추가로 보조 테이블을 하나 더 구입하곤 한다.

캠핑용 의자

캠퍼들은 잠잘 때와 움직일 때를 제외하고 나머지 시간을 대부분 의자에 앉아서 보낸다. 이처럼 많은 시간을 함께하는 것이 캠핑용 의자다. 식사할 때나 책을 읽을 때, 한가로이 휴식을 취할 때 등 캠퍼의 몸과 가장 밀착되어 있는 장비이기도 하다.

캠핑용 의자는 접는 방식에 따라 폴딩형과 디렉터형으로 나누고 형태에 따라 등받이가 없는 벤치, 팔걸이가 있는 암 체어, 등받이 부분이 길어 뒤로 몸을 기댈 수 있는 이지 체어 등으로 나눈다.

캠핑용 의자는 야외에서 휴식을 제공하는 만큼 편안하고 튼튼해야 하며, 수납 시 부피를 줄일 수 있어야 한다.

캠핑용 의자는 프레임과 천(깔개)으로 구성된다. 프레임은 의자에 가해지는 무게와 충격을 버텨 주는 역할을 하는데 녹이 슬거나 깨지는 것을 방지하기 위해 알루미늄이나 알루마이트(Alumite) 소재를 주로 쓴다. 일부 값싼 중국 제품이 프레임을 강철 소재로 만드는 경우가 있는데 강철은 무겁고 비를 맞으면 금방 녹이 슨다.

천은 질기고 쉽게 찢어지지 않는 코듀라나 옥스퍼드 600D 소재를 많이 사용한다. 하지만 다소 무거운 편이라 가볍고 질긴 캔버스 소재를 사용한 제품도 더러 있다.

코베아 폴딩 벤치 체어

코베아 암 체어

캠핑용 의자를 선택할 때 주의할 점은 프레임과 천을 연결한 부분에 박음질이 제대로 되어 있는가 여부다. 특히 봉제선 끝부분은 체중을 지탱하는 곳인 만큼 이중 박음질이 돼 있어야 한다. 또한 알루미늄 프레임과 프레임을 연결한 리벳(Rivet)이 제대로 고정돼 있는가도 중요하다. 테이블 높이와 의자 높이가 제대로 맞는지 파악해야 하며, 천이 지저분해졌을 때 세탁이 가능한지도 확인해야 한다.

캠핑용 의자를 대표하는 콜맨의 캡틴 체어는 팔과 등을 기댈 수 있는 형태로 서양인의 신체에 맞추다 보니 크고 튼튼하다. 하지만 릴랙스 체어나 패드 인 체어에 비해 부피가 크고 무거우며 천 교체가 어렵다.

스노우피크 테이크 롱 체어

콜맨 캡틴 체어

콜맨과 코베아에서 판매하는 릴랙스 체어는 기존의 이지 체어나 캡틴 체어보다 가볍고 크기도 최대한 줄인 것이 장점이다.

스노우피크의 패드 인 체어는 캡틴 체어보다 가볍고 등받이 부분까지 접을 수 있어 수납과 보관이 간편하다.

최근 등장한 테이크 롱 체어는 알루미늄 프레임과 대나무 집성목을 혼용한 형태로 짐마차를 씌우는 캔버스 천을 사용해 편안함을 느끼도록 했다. 다만 강한 충격을 받으면 알루미늄과 대나무 접합부의 연결 부위가 부러질 수 있다.

최근에 IGT가 유행하면서 테이블에 맞춰 의자를 구입하는 캠퍼들이 늘고 있다. 이때 주의해야 할 점이 있는데 바로 의자 높이다.

IGT 다리 길이는 하이 스타일로 조립할 경우 830mm, 미들 스타일은 660mm, 거실 텐트에 맞는 로 스타일은 400mm이다. 콜맨 캡틴 체어의 경우 높이가 450mm인 것을 감안하면 로 스타일로 조립하면 다소 높을 수 있다. 이때는 미들 스타일이 더 맞을 것이다. 반면 릴랙스 체어는 다리 길이가 400mm로 거실용 텐트에 적합한 로 스타일과 잘 어울린다.

랜턴

캠핑장에 어둠이 찾아오면 텐트 이곳저곳에서 하나둘씩 랜턴 불빛이 새어나오기 시작한다. 요즘은 강력한 밝기를 자랑하는 랜턴이 많아 아주 멀리서도 대낮 같은 환함을 느낄 수 있다.

랜턴 불빛은 도심에서 느끼기 힘든 따스함을 준다.

랜턴은 사용하는 연료에 따라 전지 랜턴과 가스 랜턴, 휘발유 랜턴으로 구분한다. **전지 랜턴**은 5W~20W(와트) 수준으로 밝기는 약하지만 화상의 위험이 없고 맨틀(심지)을 따로 교체해 줄 필요도 없다. 이런

콜맨 패밀리 LED 랜턴/8D

이유로 전지 랜턴은 야외보다는 텐트 안에서 사용하는 경우가 많다. 다만 전지 랜턴은 건전지 소모량이 많아 예비 건전지를 반드시 준비한다.

코베아 갤럭시 가스 랜턴

가스 랜턴은 휘발유 랜턴에 버금가는 밝기를 자랑하면서 무게가 가볍고 특히 휘발유 랜턴처럼 펌프질이 필요 없다. 하지만 맨틀을 갈아 줘야 하고 날씨가 추워지면 연료가 제대로 기화하지 않는 단점이 있다. 캠퍼들이 많이 사용하는 코베아의 트윈 가스 랜턴은 밝기가 250lx(럭스)이며 무게는 휘발유 랜턴의 절반인 980g이다.

휘발유 랜턴은 수시로 맨틀을 갈아 줘야 하고 연료인 화이트가솔린도 따로 준비해야 한다. 또 랜턴을 밝히려면 연료통 내부의 압력을 높여 주기 위해 펌프질도 해야

한다. 밝기가 센 만큼 연료 소모량이 많고 텐트 안에서 켤 경우 화재의 위험도 높다. 당연한 말이지만 맨틀이 하나인 제품보다 2개인 제품이 더 밝으며 맨틀 크기에 따라서도 밝기가 달라진다. 휘발유 랜턴 중 밝기가 가장 밝은 콜맨의 노스스타는 230W에 달한다.

랜턴을 선택할 때는 강력한 밝기를 자랑하는 가스나 휘발유 랜턴을 먼저 구입하고 안전사고 예방을 위해 텐트 안에서 사용할 전지 랜턴을 추가로 구입하는 게 좋다. 가스나 휘발유 랜턴을 구입할 때는 반드시 랜턴 케이스도 함께 구입해야 맨틀을 보호하는 유리를 깨트리지 않고 사용할 수 있다. 특히 랜턴을 들고 이동하거나 차량 운반 시 랜턴 케이스는 필수다.

휘발유 랜턴에 연료를 넣을 때는 화기에서 떨어져야 하고 연료통의 70~80% 정도만 채운다. 연료를 가득 채우면 연료통 내부의 압력이 높아지지 않아 휘발유가 그대로 배출되는 오버히트(Overheat) 현상이 일어날 수 있다.

이때는 침착하게 랜턴을 끄고 연료를 어느 정도 따라 낸 뒤 다시 펌프질을 해서 랜턴을 켠다.

콜맨 2맨틀 듀얼 퓨얼 랜턴

랜턴 불빛을 아래쪽으로 모으는 방법

랜턴 불빛을 아래쪽으로 모아 주면 훨씬 밝게 느껴지는데, 은박접시를 이용하면 간단히 할 수 있다. 은박접시를 랜턴 갓 부분에 대고 길이를 잰 뒤, 칼로 그 윤곽에 맞게 잘라 갓에 씌우면 된다. 집에서 형광등 갓에 은박을 씌우면 더 밝아지는 것과 같은 원리다. 다만 장시간 사용하면 은박접시가 열을 받아 탈 수 있으니 조심하자.

제조사별 조명 단위

빛의 조명도를 나타내는 단위를 콜맨과 스노우피크는 W, 코베아는 lx로 표시한다. 와트는 전구가 지닌 빛의 밝기를 나타내며 럭스는 단위 면적이 단위 시간당 받은 빛의 양을 나타낸다.

화로

겨울철 동네 사랑방에 피워 두는 화로처럼 캠핑장에 피우는 화로 역시 캠핑장에 놀러 온 사람들을 불러 모으는 사랑방 구실을 한다. 추운 겨울밤 삼삼오오 모여 도란도란 이야기꽃을 피우며 언 몸을 녹이는 차 한 잔에 행복감을 느낄 수 있다.

화로는 캠핑장의 분위기 메이커 역할을 톡톡히 한다.

캠핑장은 밤이면 기온이 뚝 떨어지기 마련이다. 이때 따뜻한 화롯불이 있다면 텐트 안을 훈훈하게 데워 실내 온도를 적정하게 유지할 수 있다.

화로(Brazier)는 불을 피워서 고기를 굽거나, 그 위에 더치오븐을 얹어 훈제 요리를 할 수 있는 캠핑 장비다.

화로를 바비큐 그릴(Barbecue Grill)에 포함시키기도 하는데 그릴과 화로는 엄연히 용도가 다르다. 바비큐 그릴은 훈제를 하기 위한 장비이며 화로와 달리 뚜껑으로 덮을 수도 있다.

화로는 제조사마다 형태가 조금씩 다르지만 대부분 녹이 스는 것을 방지하기 위해 스테인리스 소재를 사용하고 있으며 직화구이와 보온이 주목적이다.

현재 국내에서 판매하는 화로는 형태에 따라 서너 종류로 나눌 수 있는데, 스노우피크와 더캠프, 코베아의 화로는 나무나 숯을 넣은

코베아 파이어 캠프

부분이 사각뿔 모양이며 콜맨의 제품은 우물 정(井)자 모양이다.

이 외에 육각형과 사각형 판을 네 개의 다리 위에 얹을 수 있도록 만든 유니프레임 제품, 캠핑 동호회에서 공동구매를 목적으로 제작한 사각뿔 모양의 제품까지 아주 다양하다.

▶▶▶ 화로에 불 피우기 68쪽, 화로 관리 94쪽

로고스 화로

많은 캠퍼들이 사용하는 사각뿔 형태의 화로는 설치가 쉽고, 회수 시 평면으로 접을 수 있어 휴대와 보관이 간편하다. 재질은 고열에 강한 스테인리스 합금을 사용하며, 화로 윗부분에 구멍을 뚫어 자연스럽게 공기가 드나들도록 만들었다.

여기에 화로와 연결할 수 있는 주철 그릴과 그릴 브리지를 이용하면 불 세기에 따라 그릴 높이를 조절해 가며 고기를 구울 수 있다.

스노우피크 화로

사각뿔 모양의 화로는 깊이가 깊고 중간 불 막이가 있어 화로에 직접 더치오븐을 얹을 수 있고 재를 모아 한꺼번에 처리할 수 있다. 다만 가격이 비싼 것이 흠인데 스노우피크 제품은 화로와 액세서리를 구비하는 데 40여만 원이 든다.

우물 정자 모양인 콜맨 화로는 네모난 스틸 막대를 장작 쌓듯이 교차로 쌓아 기본 틀을 구성했고, 그

콜맨 스테인리스 파이어 플레이스

사이사이에 철망을 설치해 불씨나 재가 떨어지지 않도록 했다. 이 제품 역시 화로 위에 그릴을 연결해 고기를 구울 수 있으며 더치오븐도 올릴 수 있다. 무게가 가볍고 화로 아래 재를 모으는 판을 설치해 청소도 간편하다.

유니프레임에서 나오는 육각형과 사각형 화로는 화로를 받치는 다리와 화로 본체를 분리할 수 있어 청소와 수납이 간편하다. 가격도 비싸지 않아 초보 캠퍼들에게 인기가 많다.

바비큐 그릴

캠핑의 묘미는 뭐니 뭐니 해도 바비큐다. 아침이나 점심은 간단히 먹어도 저녁만큼은 푸짐한 바비큐 요리를 기대하는 게 캠퍼들의 마음이다. 캠핑장에서 즐거운 바비큐 파티를 열게 해 주는 장비가 바로 바비큐 그릴이다.

그릴만 제대로 사용해도 아웃도어 요리의 절반은 마스터했다고 볼 수 있다.

고기는 굽는 방식에 따라 직화구이와 간접구이, 훈제구이로 나누는데 같은 고기를 구워도 맛이 제각각이다. 바비큐 그릴은 불이나 전기를 이용해 직·간접적으로 고기를 굽는 장비다.

불 위에 고기를 올려놓고 굽는 직화구이는 조리 시간이 짧고 고기 내부의 기름이 빠져 나가 고소한 맛이 특징이다. 하지만 불 조절을 잘못할 경우, 고기가 타기 쉬워 불을 조절하는 요령이 필요하다.

간접구이는 열 순환과 뜨거운 공기 순환으로 고기를 굽는 방식이

스노우피크 트윈 BBQ 박스

며 캠핑에서는 바비큐 그릴을 이용한다. 바비큐 그릴은 그릴이 둥근 형태를 띠고 있고 그릴 뚜껑과 바닥에 공기가 드나들 수 있는 구멍이 나 있다. 바비큐 그릴은 이 구멍으로 불 세기를 조절한다.

바비큐 그릴은 고기를 얹는 부분과 숯이나 차콜 브리켓을 놓는 부분이 분리돼 있어, 불 조절만 잘하

웨버 원터치 실버

웨버 고애니웨어

면 고기를 태우지 않고 익힐 수 있다. 특히 훈제 방식은 기름을 빼내는 데다 훈연재 향과 향신료 맛이 더해져 최상의 고기 맛이 나온다. 이런 이유 때문에 바비큐 그릴을 이용한 훈제구이는 캠퍼들이 가장 즐겨 하는 요리법이다. 다만 조리 시간이 오래 걸리고 그릴 내부의 온도를 높이려면 숯이 많이 필요하다.

야외용 바비큐 그릴로는 코베아와 바로산업이 내놓은 국내 제품과 미국 제품인 웨버와 콜맨, 덴마크 제품인 댄쿡이 주종을 이룬다. 이 중 가장 인기 있는 제품이 부피가 작고 이동이 간편한 웨버의 고애니웨어 사각 그릴, 스모키 조 골드 원형 그릴, 댄쿡에서 나온 바비큐

댄쿡 빌트인 그릴

그릴 1300과 1400이다.

국내 제품으로는 코베아의 슬림 바비큐 그릴과 매직 바비큐 그릴이 부피가 작고 보관이 쉬워 인기를 끌고 있으며 투웨이 스테인리스 바비큐 그릴도 찾는 이가 늘고 있다.

콜맨 투웨이 그릴

이 외에 콜맨의 이지 스테이지 그릴과 스테인리스 투웨이 그릴이 인기를 끌고 있다. 이 제품들은 고기를 회전시키면서 익힐 수 있어 고기가 타지 않는다.

바비큐 그릴을 선택할 때는 그릴의 부피와 무게, 사용 장소 등을 고려해 구입해야 한다. 자동차로 움직이는 오토캠핑이라 해도 바비큐 그릴이 너무 무거우면 캠핑장으로 가져가기도, 다루기도 힘들다. 크지 않으며 가볍고 사용이 간편한 제품을 선택하자.

바비큐 그릴

코펠

코펠은 냄비와 프라이팬, 그릇, 접시 등의 구성품을 겹겹이 포개 하나의 구성품으로 만든 휴대용 식기다. 알루미늄과 스테인리스 소재의 코펠을 많이 쓰지만 최근에는 강도와 경량성을 높인 고가의 티타늄 코펠을 쓰는 캠퍼도 늘고 있다. 구입은 사용 인원과 재질을 고려해 선택한다.

캠핑 요리에 빠질 수 없는 필수 장비가 바로 코펠이다.

야외에서 음식을 만들 때 캠핑 버너와 함께 꼭 필요한 장비가 바로 코펠이다. 코펠은 소재에 따라 알루미늄, 스테인리스, 티타늄 코펠로 나눈다.

일반인이 많이 애용하는 **알루미늄 코펠**은 값이 싸고 열전도율이 뛰어나며 가벼운 것이 특징이다. 하지만 충격을 받으면 쉽게 찌그러지고, 산성 음식물이 남아 있거나 장기간 사용하다 보면 부식되는 단점이 있다. 이런 단점을 막기 위해 알루미늄 코펠에 피막을 입혀 부식을 방지하는 하드 아노다이징(Hard Anodizing) 공법을 쓰기도 한다.

이 공법은 순도 99%의 알루미늄을 전해액에 담가, 전기분해를 통해 알루미늄 안팎에 피막이 형성

코베아 세라믹 7~8인용 코펠

▶▶▶ 코펠 관리 96쪽

되도록 한 것이다. 이렇게 하면 코펠이 3겹의 층을 형성하게 되어 쉽게 부식되지 않는다.

스테인리스 코펠은 부식의 위험이 없으며 강도가 높고 내구성도 뛰어나다. 다만 알루미늄이나 티타늄 코펠에 비해 무겁고, 열전도율이 떨어져 음식을 조리하는 데 시간이 오래 걸린다.

스노우피크 티타늄 트렉 콤보

티타늄 코펠은 매우 가볍고 부식되거나 녹이 잘 슬지 않는다. 또한 쉽게 찌그러지거나 음식물 냄새가 배지 않는다. 하지만 바닥이 얇아 센불로 조리할 경우 코펠 바닥에 음식이 눌어붙고 가격도 비싼 편이다.

콜맨 3레이어 스태킹 쿠커 세트

또 알루미늄 코펠보다 음식물이 잘 눌어붙어 설거지하기가 쉽지 않다. 이 문제를 해결한 제품이 있는데 스테인리스 코펠 바닥에 알루미늄을 대고 그 밑에 또 스테인리스를 덧댄 3중 바닥 형태로 음식물이 쉽게 타지 않는 것이 특징이다.

코펠을 구입할 때는 인원수와 재질 등을 고려하여 구입한다. 코펠 안쪽이나 바깥쪽에 그램(g)이나 리터(ℓ)가 표기된 제품이라면 조리 시 음식 양을 계산하기 쉽다.

주로 혼자 캠핑을 즐긴다면 1~2인용이면 충분하고, 일가족이 캠핑을 즐긴다면 4~5인용 정도가 적당하다.

알루미늄 코펠 3중 바닥 만들기

코펠이 3중 바닥이 아니라면 캠핑장에서 3중 바닥 코펠을 만들어 보자. 우선 찌개에 넣고 남은 빈 참치 캔이나 고등어 통조림 캔을 발로 밟아 최대한 납작하고 네모나게 만든다. 그런 다음 캔을 투 버너 스탠드나 삼발이 위에 올려놓고 그 위에 코펠을 올리면 된다. 코펠 바닥에 캔의 이중 바닥이 더해져 3중 바닥이 되는 셈이다. 이때 캔 안에 기름기가 남아 있으면 기름이 타면서 검은 연기가 생겨 코펠이 지저분해질 수 있으므로 주의한다.

더치오븐

'네덜란드의 솥'이란 뜻의 더치오븐(Dutch Oven)은 미국 서부 개척시대 네덜란드 상인들이 들고 다니며 판매한 것에서 유래했다. 더치오븐 하나면 고기 요리는 물론이고 밥과 찌개, 심지어 빵까지 구울 수 있다.

더치오븐 하나만 있으면 어떤 요리든 가능하다.

캠핑을 하다 보면 많은 사람들이 더치오븐의 매력에 빠져 준(準)요리 전문가가 되기도 한다. 더치오븐이 가진 매력에 빠져 본 사람만이 느낄 수 있는 즐거움이 있기 때문이다. 더치오븐 하나만 있으면 훈제는 물론이고 굽고, 볶고, 조리고, 튀기는 요리까지 할 수 있다. 그렇다면 나에게 맞는 더치오븐은 어떤 것일까?

우선 더치오븐을 구입하기에 앞서 자신의 요리 스타일과 즐겨 먹는 음식, 요리 양과 사용 횟수 등을 판단한다. 닭이나 돼지고기 통구이를 좋아한다면 폭이 넓고 깊이가 깊은 더치오븐을 선택하는 것이 좋고, 집에서 가족과 함께 간단한 요리를 할 정도라면 폭이 좁고 깊이가 얕은 제품이 좋다.

국내 캠퍼들이 즐겨 찾는 더치오븐은 폭 12인치(30.5cm)에 깊이 8cm 정도의 제품인데 영계 2마리

에밀리 헨리 플레임탑 더치오븐

가 들어가는 사이즈다. 14인치(35.6cm) 이상 되는 더치오븐은 너무 무겁고 커서 이동과 수납이 어렵고 여성들은 들기조차 힘들다.

더치오븐은 뚜껑에 숯이나 차콜 브리켓을 올려놓았을 때 떨어지지 않도록 가장자리에 테를 두른 제품과 삼각대에 더치오븐을 걸었을

▶▶▶ 더치오븐 관리 98쪽

콜맨 더치오븐

스노우피크 더치오븐

롯지 더치오븐

유니프레임 더치오븐

때 좌우 어느 한쪽으로 치우치지 않은 제품이 좋다. 참고로 국내에 판매되는 더치오븐 중 인기가 높은 제품은 롯지(Lodge)에서 나온 '루이스 앤 클락 1804'이다. 이 제품은 1804년 미국 최초로 대륙 횡단에 성공한 루이스와 클락의 탐험 200주년을 기념하기 위해 만든 것으로 12인치(30.5cm) 폭에 10cm 깊이다.

현재 판매 중인 더치오븐 중 12인치를 기준으로 제조사별 제품을 비교해 보면 롯지 더치오븐은 깊이 10cm, 무게 9kg, 콜맨 더치오븐은 깊이 21cm, 무게 11.5kg, 유니프레임 더치오븐은 깊이 13cm, 무게 8.8kg이다. 12인치 제품 중 가장 무거운 것은 스노우피크 더치오븐으로 폭 32cm, 깊이 14cm이며 무게가 자그마치 15.2kg에 달한다.

더치오븐은 불 조절이 관건이다

더치오븐으로 맛있는 요리를 만들려면 불 조절을 잘해야 한다. 더치오븐의 불 조절은 아랫불은 약하게, 윗불은 강하게 하는 것이다. 차콜 브리켓을 쓸 경우, 뚜껑과 바닥에 놓은 차콜 브리켓 개수는 위가 아래의 2배다. 즉, 바닥에 차콜 브리켓을 6개 놓았으면 뚜껑에는 12개를 놓아야 한다.

캠핑카와 캠핑 트레일러

일반 자동차에 장비를 싣고 떠나는 단순한 오토캠핑에서 흔히 '캠핑카' 라고 부르는 모터 홈 등을 구입하거나 빌려서 캠핑을 떠나는 캠퍼들이 점점 늘고 있다. 아직은 비용이 만만치 않아 대중화에 시간이 필요하지만 진정한 오토캠핑을 꿈꾸는 캠퍼라면 언젠가는 도전해 봐야 할 분야다.

오토캠핑은 일반인이 가장 접근하기 쉬운 아웃도어 활동이다. 차량으로 무거운 장비도 편하게 이동시키고 장소도 부담 없이 옮겨 다닐 수 있기 때문이다.

국내에서는 스포츠유틸리티 차량에 텐트와 타프 등의 장비를 싣고 캠핑을 떠나는 것을 오토캠핑이라 부르지만 미국이나 유럽에서는 모터 홈이나 캠핑 트레일러 같은 캠핑용 차량을 이용한 캠핑을 오토캠핑이라고 정의한다.

캠핑카

우리가 흔히 쓰는 캠핑카라는 명칭은 우리나라와 일본, 대만에서만 통용되는 말이다. 유럽이나 미국에서는 모터 홈이나 모터 캐러밴(카라반), 캠핑 트레일러로 불린다. 우리가 말하는 캠핑카는 사실상 모터 홈이라고 보면 된다. 모터 홈은 그 이름처럼 차량에 집을 얹은 형태를 하고 있다.

모터 홈은 운전석 뒤편으로 침대와 주방, 화장실, 냉장고, 보관함 등의 편의시설이 구비돼 있으며 옵션으로 에어컨과 스팀까지 갖춘 움직이는 집이라고 할 수 있다.

캠핑 트레일러는 카고(Cargo) 트레일러, 하우스 트레일러, 캠핑 트레일러로 나눈다.

카고 트레일러는 말 그대로 장비를 보관하는 짐칸을 달고 다닌다. 하우스 트레일러는 캠핑 트레일러 중 가장 크고 가격이 비싸다. 하지만 이 트레일러에는 호화로운 침

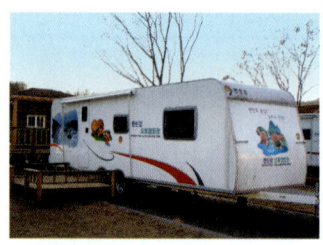

캠핑 트레일러

캠핑카 실내 모습

실과 화장실은 물론이고 거실까지 갖추고 있다.

캠핑 트레일러는 하우스 트레일러보다 크기는 작지만 내부에 욕실 겸용 화장실, 가스레인지와 냉장고가 달린 주방, 침실 등을 갖추고 있다.

캠핑 트레일러는 다시 트레블 트레일러와 폴딩 트레일러로 나눈다. 최근 마니아들이 많이 찾는 폴딩 트레일러는 트레일러의 상단 부분을 들어 올리거나 한쪽 면을 밀어 침실 공간을 만들 수 있다. 이런 장점 때문에 폴딩 트레일러는 넓지 않은 공간에 주차가 가능하며 모터 홈에 비해 가격도 훨씬 저렴하다.

모터 홈과 캠핑 트레일러의 차이는 모터 홈이 자유롭게 이동할 수 있는 반면 캠핑 트레일러는 스포츠유틸리티 차량이 없으면 움직일 수 없다는 것이다. 또한 운전자가 캠핑 트레일러를 달고 도로를 주

캠핑카는 움직이는 집이다.

행하는 일도 쉽지 않다. 하지만 캠핑 트레일러가 모터 홈에 비해 가격이 저렴하고 내부 공간이 좀 더 여유로운 장점은 있다.

현재 국내에도 모터 홈과 캠핑 트레일러를 판매하는 업체들이 있으며 모터 홈(캠핑 트레일러는 개인이 빌리기는 쉽지 않다)을 빌려 주는 업체도 등장했다. 다만 아직까지 대중화되지 못한 탓에 비용이 만만치 않다. 하지만 색다른 여행이나 낭만을 꿈꾸는 캠퍼라면 한번쯤 도전해 볼 만하다.

● **캠핑카 대여 업체**

애니캠핑카 www.anycampingcar.com
씨제이캠핑카 www.cjcampingcar.com
하이캠핑카 www.hicampingcar.com

기타 장비

오토캠핑에 빠져들수록 장비 수는 기하급수적으로 늘어난다. 텐트와 버너, 침낭 같은 필수 장비 외에도 이런저런 장비에 자연스레 눈길이 간다. 쿨러, 삼각대, 야전침대, 설거지통, 랜턴 걸이 등 갖추고 있으면 캠핑을 더욱 즐길 수 있는 장비들에 대해 알아보자.

쿨러

캠핑의 불편함을 최소화하려면 의식주와 관련한 주요 장비 외에도 이런 장비를 받쳐 줄 보조 장비들이 필요하다.

음식물이 상하는 것을 막아 주는 쿨러(아이스박스)가 대표적이다. 쿨러는 아이스 팩(보냉재)을 이용, 쿨러 내부 온도를 낮게 유지해 음식물이 상하는 것을 막아 준다. 쿨러는 재질과 크기에 따라 가격이 달라지는데 캠퍼들이 가장 갖고 싶어 하는 장비를 고르라면 아마 콜맨에서 나온 '54쿼터 스틸 벨트 쿨러'를 꼽을 것이다.

스테인리스 스틸과 발포 우레탄으로 만든 이 제품은 아이스 팩과 함께 넣으면 3일 정도 음식을 보존할 수 있다. 잠금장치까지 갖춘 이 쿨러는 국내 소비자가 미국 쇼핑몰을 통해 직접 구매에 나설 정도로 인기가 높았다.

쿨러 구입 시 가장 신경 써야 할 점은 발포 우레탄의 두께다. 발포 우레탄은 외부의 뜨거운 열기가 음식물에 닿지 않도록 차단해 주는 역할을 하며 두께가 두꺼울수록 효과가 높다. 쿨러는 제품 설명서의 내용과 달리 외부 온도와 쿨러를 여닫는 횟수에 따라 보존 기간이 달라진다. 냉장고 문을 열어 놓으면 그만큼 기능이 떨어지듯이 쿨러 역시 마찬가지다.

콜맨 54쿼터 스틸 벨트 쿨러

삼각대

사진 찍을 때 카메라를 고정시켜 주는 역할을 하는 삼각대(Tripod, 트라이포드)가 캠핑에서는 화로에 더치오븐이나 샤브샤브용 그릇을 불어 삼각 지지대가 튼튼한가도 살펴봐야 한다. 지지대가 약하면 쇠줄에 무거운 더치오븐을 걸 수가 없다.

야전침대

겨울철 땅에서 올라오는 냉기를 차단하는 가장 쉬운 방법은 매트리스를 까는 것이다. 하지만 그보다 더 좋은 방법이 야전침대를 사용하는 것이다.

캠퍼들이 많이 사용하는 제품으로 스노우피크의 하이텐션 코트, 더 캠프의 하이테크 베드, 콜맨의 원터치 코트, 이지 슬림 코트 등을 들 수 있다. 미군용 야전침대를 쓰는 캠퍼도 있다.

하이텐션 코트는 침대 다리가 부식되는 것을 막기 위해 알루마이트 소재를 사용했으며 침대 천은 내구성이 좋고 습기에 강한 폴리에스테르 원단을 사용했다. 가벼

스노우피크 삼각대

올려놓고 조리할 수 있도록 도와주는 역할을 한다. 삼각대는 스테인리스 스틸이나 강철 소재로 만들며 길이 조절이 가능한 쇠줄에 더치오븐을 걸어 화로 위에 올려놓으면 된다.

삼각대는 세웠을 때 균형을 잘 맞추는 것이 제일 중요하다. 어느 한쪽이 높거나 낮으면 한쪽으로 무게 중심이 쏠려 넘어지게 된다. 더

스노우피크 하이텐션 코트

고 보관하기 쉽게 수납 케이스까지 제공하지만 가격이 너무 비싼 것이 단점이다. 이에 국내 업체인 더캠프가 저렴한 가격에 하이텐션 코트와 비슷한 디자인에 습기 방지 효과와 푹신한 느낌을 추가한 하이테크 베드를 내놓았다.

콜맨에서 나온 원터치 코트는 사방 접이식 침대로 머리 부분에 경사를 주어 베개가 없어도 편안히 누울 수 있으며 이지 슬림 코트는 수납하기 편리하다.

그 밖에 코베아가 내놓은 필드 코트와 버펄로에서 나온 야전침대도 쓸 만하다. 코베아와 버펄로 제품은 3단 접이식 프레임으로 설치와 수납이 쉬운 게 특징이며 타 제품보다 가격이 저렴하다.

설거지통

콜맨 접이식 설거지통

설거지통은 그릇을 담기 편하고 물을 절약할 수 있다는 장점이 있다. 특히, 공간을 둘로 나눈 제품은 씻고 담는 것을 동시에 할 수 있으며, 겨울철에는 물을 데워 사용할 수도 있다.

차콜 스타터

웨버 차콜 스타터

더치오븐 뚜껑 위에 올려놓을 차콜 브리켓에 불을 붙일 때 사용하는 차콜 스타터(Charcoal Starter)는 스테인리스 스틸이나 알루미늄 소재로 만든다. 원형이나 사각형 통에 손잡이를 달아 놓은 제품이 대부분이다. 차콜 스타터 안에 차콜 브리켓을 넣고 화로나 버너에 올려놓고 불을 붙여 사용한다.

랜턴 걸이

랜턴을 걸어 놓는 랜턴 걸이는 삼각대에서 형태를 조금 변형한 제품과 폴에 감아 설치하는 랜턴 행거, 땅에 박아 설치하는 파일 드라이버(Pile Driver)가 있다. 랜턴 걸이의 기본 형태라 할 수 있는 콜맨의 랜턴 스탠드는 카메라 삼각대에서 형태를 바꾼 것으로 본체를 받쳐 주는 3곳의 다리에 펙을 박아 고정한다.

텐트 폴이나 타프 폴에 감아서 설치하는 랜턴 행거는 가볍고 크기가 작으며 폴에 거는 부분(고리 부분)이 나사 모양을 하고 있다. 스테인리스로 만든 랜턴 행거는 고리 부분의 사이즈보다 폴 지름이 크거나 작으면 행거를 고정할 수 없다.

스테인리스 스틸 소재로 만든 파일 드라이버는 3단 형태로 최대 240cm까지 높일 수 있다. 스틸 부분을 뽑아 내 상단 부분을 손으로 잡고 땅에 들어가는 스틸 파이프 부분을 바닥에 내리쳐 땅속에 박는다.

멀티 스탠드

스노우피크 멀티 스탠드

코베아 2웨이 랜턴스탠드

멀티 스탠드(Multi Stand)는 투 버너나 물통, 쿨러 등을 올려놓을 수 있는 장비다. 알루미늄이나 알루마이트 소재로 만드는 멀티 스탠드는 스탠드의 중간 바(Bar)를 자유롭게 이동시켜 폭을 조절할 수 있는 제품이 좋다. 키친 테이블이나 일반 테이블이 있는 캠퍼라면 굳이 구입할 필요는 없지만 버너나 도마 옆에 물통이나 쿨러를 올려놓고 사용하고 싶다면 구입할 만하다.

트렁크에 장비 꾸리기

캠퍼는 야외에서 의식주를 해결하는 데 필요한 모든 장비를 차에 싣고 이동한다. 하지만 차에 장비를 실을 공간은 트렁크와 뒷좌석밖에 없다(자동차에 루프 캐리어(Roof Carrier)를 장착하면 좀 더 많은 장비를 실을 수 있다). 일반 가족이 캠핑을 떠날 때 보통 뒷좌석에는 아이들을 태울 때가 많아 사실상 차 트렁크가 짐칸의 전부이다.

그러므로 꼭 필요한 장비만 선별해서 넣어야 한다. 불필요한 장비는 빼고, 기능이 중복되는 장비는 하나만 선택한다. 가스 버너와 휘발유 버너가 둘 다 있다면 하나만 챙기고, 화로가 있다면 더치오븐이나 바비큐 그릴 중에서 하나만 선택한다.

트렁크에 짐을 꾸릴 때는 크고 무거운 장비를 트렁크 안쪽이나 바닥에 놓는다. 자가용의 경우 트렁크 바닥에 매트리스를 깔고 제일 안쪽에 가장 크고 무거운 거실형 텐트를 넣는다. 그러고는 그 바깥쪽에 의자를 접어 아래위가 교차되도록 포개 하나씩 올려놓는다. 의자 위에는 타프와 테이블, 버너, 스탠드, 이너 텐트 등을 얹는다. 마지막으로 트렁크 양쪽에는 휘발유 랜턴과 투 버너, 코펠, 음식 재료를 담은 소프트 쿨러 등을 넣는다.

제2장
캠핑을 한다

캠핑장에서 지켜야 할 에티켓 · 48
캠핑 사이트 선정 · 50
텐트 치기 전 유의사항 · 52
돔형 텐트 치기 · 54
거실형 텐트 치기 · 56
헥사 타프 치기 · 58
렉타 타프 치기 · 60
버너 켜기 · 62
랜턴 켜기 · 64
화로에 불 피우기 · 68
캠핑 사이트 정리 · 70
캠핑에 유용한 매듭법 · 72
해먹 만들기 · 78

캠핑장에서 지켜야 할 에티켓

캠핑장에서 지켜야 할 기본 에티켓은 남에게 피해를 주지 않는 것과 흔적을 남기지 않는 것이다. 미국에서는 'LNT(Leave No Trace, 흔적 남기지 않기)' 프로그램(116쪽 참조)을 통해 아웃도어 전 분야에서 자연보호를 위한 윤리의식을 고취시키고 있다.

밤에는 옆 텐트에 방해가 되지 않도록 조용히 해야 한다.

캠핑장에서 지켜야 할 가장 중요한 덕목은 **시끄러운 소음과 과음을 삼가는 것이다.** 야외로 나왔다는 즐거움에 주변에 있는 캠퍼들을 무시한 채 밤늦도록 술을 마시고 고성방가를 하는 것은 지양해야 할 캠핑 문화다. 저녁 식사 후 가지는 조촐한 술자리는 친목 도모라고 볼 수 있지만 자정을 넘어서까지 술잔을 나누는 것은 피해야 한다.

남의 텐트 바로 옆에 자신의 텐트를 치는 것도 삼가야 한다. 텐트는 야외에 짓는 집이다. 집이 너무 붙어 있으면 아무래도 좋은 이웃이 되기 힘들다. 텐트 사이의 간격은 최소 2m 이상은 떨어져야 한다. 혼자서 너무 많은 공간을 차지하는 것도 좋지 않다. 캠핑장은 자연 속에서 휴식을 취하는 곳이지 자신의 장비를 자랑하는 곳이 아니다. 다른 캠퍼들을 위해 꼭 필요한 장비만 설치하도록 하자.

밤늦은 시간에는 차량 운행이나

공동시설은 깨끗이 사용하자.

캠핑 사이트를 구축하지 않아야 한다. 모두 잠든 시각에 들리는 차 엔진 소리와 망치질 소리는 낮보다 훨씬 시끄럽게 들린다. 가급적 어두워지기 전에 모든 일을 마쳐야 하며 만약 밤늦게 도착했다면 우선 잠자는 데에 필요한 텐트만 치고 나머지는 다음 날로 미룬다. 캠핑장은 아이들이 마음껏 뛰노는 곳이다. 안전사고 예방을 위해서라도 차량의 급출발이나 과속은 자제하도록 하자.

모닥불을 피울 때는 반드시 화로를 이용한다. 캠핑의 꽃은 캠프파이어다. 하지만 맨땅에 피우는 모닥불은 주변의 식물들을 죽게 하고 재를 남기게 된다. 지면 손상을 줄이고 청소도 간편한 화로를 쓰도록 하자.

공동 취사장이나 화장실, 쓰레기장은 늘 깨끗이 사용해야 한다. 취사장에 함부로 음식 찌꺼기를 버리거나, 먹고 남은 음식물을 화장실에 버리는 행위는 삼가야 한다. 쓰레기는 분리수거하며 재활용 쓰레기와 음식물 쓰레기봉투를 따로 준비해 분리수거한다. 내 가족과 다른 캠퍼들을 위해서라도 캠핑장을 내 집같이 사용해야 한다.

요즘은 찾아보기 힘들지만 아직도 설거지할 때 퐁퐁 같은 화학 세제를 쓰는 캠퍼들이 더러 있다. 세제는 계곡을 오염시키고 생태계를 파괴하는 주범이다. 절대 사용해서는 안 된다. 캠핑장에서는 기름기를 제거하는 1차 설거지만 하고 나중에 집에서 2차 설거지를 꼼꼼히 한다.

캠핑 사이트 선정

캠핑 사이트(텐트와 타프를 쳐서 캠핑할 수 있는 장소)를 정할 때는 산사태나 홍수의 위험이 없고 식수를 구하기 쉬우며 차량 접근이 쉬워야 한다. 또한 위험 동물이나 독성 식물에 노출되지 않은 곳이어야 한다.

캠핑 사이트는 신중히 정해야 한다.

근래 최신 시설을 갖춘 캠핑장이 속속 개장하면서 개인이 직접 캠핑 사이트를 찾는 것은 드문 일이 되었다. 하지만 안전하고 즐거운 캠핑을 위해서라도 낯선 곳에서 캠핑 사이트를 선정할 때는 다음 몇 가지 사항을 주의해야 한다.

첫째, 가장 중요한 것은 안전이다. 폭우가 내렸을 때 하천이 범람할 만한 곳은 피해야 하며, 휴양림이나 개인이 운영하는 캠핑장이라도 집중 호우가 내렸을 때 산사태나 낙석의 위험이 있는 곳은 피한다.

캠핑은 모험이나 극한 상황을 체험하는 것이 아니라 사람들과 좋은 추억을 쌓기 위한 수단이다. 작은 위험 요소라고 해도 가급적 피하는 것이 좋다.

둘째, 뱀이나 멧돼지 같은 위험 동

강가나 계곡에 텐트를 칠 때는 특히 안전에 신경을 써야 한다.

▶▶▶ 텐트 치기 전 유의사항 52쪽

가급적 큰 나무 밑을 피해 편평한 곳에 텐트를 친다.

물이 접근할 만한 곳을 피해야 한다. 이런 짐승들의 위험을 피하기 위해 음식물은 냄새가 나지 않도록 쿨러에 보관하고 텐트 주변은 늘 깨끗하게 정리해야 한다.

셋째, 산악 지역보다 도로 근처에 위치한 캠핑장을 이용한다. 산간 지역은 위급 상황이 발생했을 때 구급차가 접근하는 데 많은 시간이 소요되며 도로 폭이 좁아 접근도 쉽지 않다.

마지막으로 잘 정돈된 캠핑장이라도 폭우가 내릴 때는 큰 나무 밑은 가급적 피한다. 번개가 칠 경우, 나무에 떨어진 번개로 인해 감전될 위험이 높기 때문이다. 어쩔 수 없이 나무 밑에 텐트를 쳐야 한다면 나무줄기나 가지 끝에서 2m 이상 떨어져 나무 끝을 45도 각도로 바라볼 수 있는 지점을 선택한다.

장소별로 살펴보면 산악지대는 계곡 근처나 나무뿌리가 드러난 산비탈 아래, 물줄기가 흘러간 흔적이 있는 곳은 피한다. 또한 산길에서 너무 동떨어진 곳과 겨울철에 눈사태의 위험이 있는 급경사의 계곡이 만나는 곳도 피한다.

강가에 캠핑 사이트를 정할 때는 폭우 시 물이 불어나는 것을 고려해 어느 정도 거리를 둬야 한다. 또한 음식 찌꺼기나 배설물이 강에 흘러들어 가지 않도록 60m 이상의 거리를 두고 사이트를 구축한다.

바닷가에 캠핑 사이트를 정할 때는 항시 밀물과 썰물을 고려해 물가 가까이는 피하도록 한다. 한여름에는 그늘진 곳을 택해 화상을 예방하도록 한다.

▶▶▶ 강풍이 불 때 109쪽, 벼락이 칠 때 112쪽

텐트 치기 전 유의사항

최신 시설의 캠핑장이라고 해서 모두 명당자리는 아니다. 땅이 울퉁불퉁할 수도 있고 화장실이 너무 가까워 여름철에 심한 악취가 풍기는 사이트도 있다. 텐트는 자연재해의 위험이 없고 배수가 잘 되며, 편평한 대지에 쳐야 한다.

텐트를 잘 치려면 의외로 많은 지식이 필요하다.

텐트는 우선 편평한 대지에 쳐야 한다. 아무리 시설을 잘 갖춘 캠핑장이라도 군데군데 작은 돌이 박혀 있어 자고난 다음 날 허리가 아픈 사이트도 있기 때문에 미리 잘 살펴야 한다.

편평한 땅이라도 배수가 잘 안 되면 문제다. 이런 곳은 비가 오면 텐트 안으로 물이 스며들 수 있기 때문이다.

너무 미끄러운 대지도 피해야 한다. 아이들이 미끄러져 다치기 쉽고 텐트 바닥에 흙도 많이 묻는다.

여름철에는 나뭇가지가 드리워진 그늘 아래가 사이트로 최상이다. 그늘진 곳은 따가운 햇볕을 피할 수 있고 서늘한 바람이 불어 더위도 식힐 수 있다. 특히 텐트나 타프는 직사광선에 취약하다. 장시

한여름에는 나무 그늘 아래가 가장 좋은 사이트다.

사이트 구축이 잘 되어 있는 모습

간 직사광선을 쐬일 경우, 천에 입힌 코팅막이 벗겨질 수 있으며 변색이 되기도 한다.

캠핑 사이트를 정할 때는 자연현상도 참고해야 한다. 태양은 동쪽에서 떠서 서쪽으로 진다. 이 때문에 북쪽 방향으로 가지를 뻗은 나무 그늘 아래 자리를 잡는다면 직사광선을 피할 수 있다.

또 낮에는 계곡에서 산으로 바람이 불고, 밤에는 반대로 산에서 계곡으로 바람이 부는 현상을 이용한다. 이런 이유로 찬바람이 부는 쪽으로 출입문을 두지 않아야 한다. 겨울철에 강풍이 부는 것을 고려해 숲이나 산비탈을 병풍처럼 활용하는 것도 좋은 방법이다.

캠핑 사이트를 정했다면 사이트 내에서 장비 배치에 들어간다. 우선 가족이 모여 앉아 쉴 수 있는 공간을 제공하는 타프 위치를 정하고 움직임에 방해가 되지 않도록 동선에 맞춰 텐트 위치와 주차 공간을 정한다. 그런 다음 바닥에 있는 작은 돌이나 그루터기 등을 제거하고 텐트와 타프를 설치한다. 보통 타프를 중심으로 텐트를 가장 안쪽에 배치하고 타프 왼쪽에 주방, 오른쪽에 차를 주차시킨다. 혹은 텐트를 안쪽에 배치하고 타프와 차를 일직선으로 배치하기도 한다. 이때 텐트 출입구는 타프 쪽을 향하도록 한다.

텐트를 칠 때 바람의 방향도 계산에 넣어야 한다. 바람 때문에 화로 불씨가 텐트나 타프에 구멍을 낼 수 있고 화재 위험성이 높아지기 때문이다. 강풍이 불 때 마땅한 대응 방법이 없다면 자동차를 바람막이로 사용한다.

▶▶▶ 강풍이 불 때 109쪽, 벼락이 칠 때 112쪽

돔형 텐트 치기

텐트 치기는 캠핑에서 가장 중요하며 최우선 작업이다. 텐트는 편안한 잠자리와 휴식 장소를 제공한다. 여름에는 직사광선을 피할 수 있는 서늘한 그늘이 좋으며 겨울에는 바람을 막아 줄 방풍림이나 나무 밑에 잡는 것이 좋다.

돔형 텐트가 완성된 모습   스노우피크 어메니티돔

캠퍼들이 많이 사용하는 텐트는 돔형 텐트다. 오토캠핑에 맞도록 설계된 텐트이며 텐트 안에서 일어나도 별 불편함이 없을 정도로 체고가 높아 활동성이 좋다.

앞뒤로 출입구가 있기 때문에 개방적이며 텐트 무게도 적당한 편이다. 타프와 함께 써야 효율성이 높아진다.

펙으로 텐트를 고정할 때는 펙과 스트링 각도가 45도가 되도록 한다. 각도가 그 이상일 경우 펙의 지지력은 그만큼 약해진다. 또한 텐트를 거둘 때 펙 회수를 고려해 지면과 펙 사이에 손가락 한 마디 정도의 여유를 둔다. 여름에는 별 문제가 안 될 수 있지만 겨울에는 펙을 너무 깊이 박을 경우 회수가 쉽지 않다.

스노우피크에서 나오는 돔형 텐트 어메니티 돔으로 사진을 참조해 가며 직접 설치해 보자.

▶▶▶ 텐트 12쪽, 텐트 관리 80쪽, 텐트 수리 82쪽

돔형 텐트 치기

1 텐트 칠 장소를 정한 뒤 보관 주머니에 들어 있는 텐트 본체와 폴, 펙, 스트링 등을 꺼낸다.

5 양쪽의 메인 폴을 텐트에 끼웠으면 측면에도 폴을 끼운다. 그런 다음 텐트에 달린 고리로 폴을 고정시킨다.

2 바닥에 커다란 비닐을 깔고 그 위에 텐트 본체를 짝 펼친다.

6 텐트 본체 조립이 끝났으면 플라이를 씌운다. 플라이는 텐트 본체와 어느 정도 간격을 띄워야 플라이가 비에 젖어도 본체에 달라붙지 않는다.

3 폴을 하나하나 조립한다.

7 펙을 박아 플라이와 텐트를 고정한다. 펙은 45도 각도로 비스듬하게 박는다. 스트링을 잡아 당겨 팽팽하게 해 준다.

4 펼쳐 놓은 텐트에 메인 폴을 끼우고 본체를 세운다.

8 텐트와 플라이를 고정했으면 바닥에 매트리스를 깔고 그 위에 침낭을 깐다.

▶▶▶ 거실형 텐트 치기 56쪽, 캠핑에 유용한 매듭법 72쪽

거실형 텐트 치기

거실형 텐트는 요즘 유행하고 있는 텐트 스타일이다. 리빙셀(거실)과 텐트를 결합해 별도로 타프를 구입하지 않아도 된다. 하지만 일반 텐트보다 크기가 커서 텐트를 처음 치는 초보 캠퍼라면 애를 먹을 수 있다.

거실형 텐트가 완성된 모습
콜맨 웨더마스터 2룸 하우스

거실형 텐트는 제조사마다 제품 구조가 조금씩 다르지만 기본 틀은 중앙에 끼우는 메인 폴과 사이드 폴로 구성된다. 메인 폴은 1자형 폴을 A자 폴이 받쳐 주거나 X자 모양으로 교차하도록 설계되어 있다. 또한 초보자를 위해 펙을 박는 고리 부분에 웨빙을 달아 놓았으며 폴과 같은 색깔을 칠해 놓았다. 텐트를 칠 때 폴 색깔과 웨빙 색깔을 맞춰 텐트 슬리브에 폴을 끼운 뒤, 텐트 고리에 있는 클립을 폴 끝에 끼워 넣으면 된다. 중앙의 1자형 폴이 휘어지지 않도록 주의한다.

젓가락을 이용해 모기향을 피우자

야외에서 모기향을 피울 때 모기향 꽂이 받침대가 없다면 나무젓가락을 이용하자. 여름밤에 모기가 집중 공격하는 곳은 테이블 밑의 다리다. 테이블 밑에 나무젓가락을 꽂고 모기향을 피우면 된다.

▶▶▶ 텐트 12쪽, 텐트 관리 80쪽, 텐트 수리 82쪽

거실형 텐트 치기

1. 텐트 보관 주머니에서 텐트 본체와 펙, 폴을 꺼내 가지런히 놓는다.

5. 메인 폴 2개를 설치했으면 폴에 텐트 본체를 고정시키는 고리를 끼운다.

2. 텐트 본체를 펼쳐 놓고 각각의 폴을 조립해 슬리브의 색깔에 맞춰 내려놓는다.

6. 빨간색 메인 폴을 설치했으면 텐트 뒤편에 설치할 파란색 폴을 같은 색의 폴 슬리브에 끼워 넣는다.

3. 본체를 평행이 되게 놓은 뒤, 1자형 폴을 빨간색이 칠해진 텐트 중앙의 폴 슬리브에 끼워 넣는다.

7. 기본이 되는 3개의 폴을 설치한 뒤 거실 공간을 만드는 2개의 긴 폴을 검은색 폴 슬리브에 끼워 넣는다.

4. 2개의 빨간색 폴을 서로 교차되도록 설치한 뒤 펙을 박는 고리에 달린 클립을 폴 끝에 끼운다.

8. 텐트 밑에 붙어 있는 고리에 펙을 박아 텐트를 고정시킨다. 필요에 따라 사이드에 스트링을 연결할 수도 있다.

▶▶▶ 돔형 텐트 치기 54쪽, 캠핑에 유용한 매듭법 72쪽

헥사 타프 치기

타프는 자외선을 차단하고 비를 막을 때 사용한다. 타프를 칠 때는 햇빛과 바람의 방향을 고려해야 하며 먼저 중앙의 메인 폴을 고정한 후, 측면을 받치는 사이드 폴을 고정한다.

헥사 타프가 완성된 모습

콜맨 헥사 타프 MDX

타프는 빨리 치는 게 중요한 것이 아니라, 메인 폴을 중심으로 좌우가 힘의 균형을 이루도록 치는 게 중요하다.

메인 폴은 어느 한쪽으로도 치우치지 않아야 하며 스트링 각도는 폴과 45도를 유지해야 한다. 폴과 스트링 각도가 너무 좁거나 넓으면 충격이나 강풍에 폴이 쓰러지기 쉽다. 타프를 친 다음 스트링을 팽팽하게 당긴다.

펙과 폴을 연결한 스트링을 팽팽하게 당겨 둬야 강풍에 폴이 쓰러지지 않는다. 타프의 균형이 맞지 않으면 타프 한쪽이 처져 비가 오면 빗물이 고일 수 있다. 이럴 경우 측면 중앙에 있는 고리에 스트링을 연결해 스트링을 타고 물이 흘러내리도록 해 준다. 타프는 형태에 따라 헥사(6각) 타프와 렉타(4각) 타프로 나눈다. 먼저 헥사 타프를 쳐 보자.

▶▶▶ 타프 16쪽, 타프 관리 85쪽, 타프 수리 86쪽

1 타프를 칠 장소를 정한 뒤, 타프와 폴, 펙, 스트링을 꺼낸다.

5 펙을 박고 스트링을 건다. 그다음 2개의 메인 폴을 세운 뒤 스트링을 팽팽하게 잡아 당긴다.

2 타프를 정확히 반으로 접어 바닥에 놓는다.

6 측면 고리의 연장선상에 맞춰 사이드 폴을 놓고 8자 매듭 고리에 폴과 타프 고리를 끼운다.

3 반으로 접히는 지점 양 끝에 있는 고리에 메인 폴을 놓는다.

7 폴과 타프 모서리 끝이 만나는 부분에서 45도 되는 지점에 펙을 박는다. 양쪽 펙 간의 거리는 폴의 길이 정도다.

4 메인 폴과 고리가 만나는 부분에서 45도 되는 지점 양쪽에 펙을 박는다. 이때 양쪽 펙 간의 거리는 폴의 길이 정도다.

8 이어 펙에 건 스트링 쪽에 달린 길이 조절용 스토퍼를 이용해 타프가 팽팽해질 때까지 당겨 준다.

▶▶▶ 렉타 타프 치기 60쪽, 캠핑에 유용한 매듭법 72쪽

헥사 타프 치기

렉타 타프 치기

렉타 타프는 강풍에 다소 약한 것이 단점이지만 바람을 동반한 비가 내릴 때 타프의 측면 끝을 접어 비가 들이치는 것을 막을 수 있다. 또한 헥사 타프보다 많은 인원이 사용할 수 있다.

렉타 타프가 완성된 모습

콜맨 웨더마스터 스퀘어 타프

사각 모양의 렉타 타프는 헥사 타프보다 설치가 쉽지만 바람에 약한 단점이 있다. 하지만 측면에서 불어오는 바람을 막아 주는 어닝(Awning)을 연결할 수 있으며 어닝을 윈드 블록 형태로 만들어 편안하고 안락한 공간을 연출할 수 있다.

우천 시 타프를 칠 때는 반드시 타프 중간 고리에 스트링을 연결해 배수가 잘 되도록 한다.

렉타 타프는 헥사 타프에 비해 개방적인 형태를 취하고 있어 타프 공간을 최대한 활용할 수 있다. 폭우가 쏟아지면 타프의 측면 전체를 접어 비가 들이치는 것을 막을 수 있다.

타프를 걷을 때는 칠 때와 반대로 먼저 측면의 사이드 폴을 회수한다. 그다음 중앙에 있는 메인 폴을 회수해야 중간에 타프가 쓰러지지 않는다.

▶▶▶ 타프 16쪽, 타프 관리 85쪽, 타프 수리 86쪽

렉타 타프 치기

1 타프를 설치할 장소를 정한 뒤, 타프와 폴, 펙, 스트링을 꺼낸다.

5 메인 폴을 들어 고리에 폴 끝을 통과시키고 그 끝부분에 8자 매듭을 한 스트링을 건다.

2 정확히 반을 접어서 바닥에 놓는다.

6 양쪽에 메인 폴을 세웠으면 타프가 팽팽해질 때까지 스트링을 당겨 준다.

3 반으로 접히는 지점의 세로줄 양 끝에 있는 고리에 메인 폴을 놓는다.

7 연장선 위에 사이드 폴을 놓고 폴과 타프 모서리 끝이 만나는 부분에서 45도가 되는 지점에 펙을 박는다. 양쪽 펙 간의 거리는 폴의 길이 정도다.

4 메인 폴과 고리가 만나는 부분에서 45도 되는 지점 양쪽에 펙을 박는다. 이때 펙 간의 거리는 폴의 길이 정도다.

8 펙에 건 스트링 쪽에 달린 길이 조절용 스토퍼를 이용해 타프가 팽팽해질 때까지 당긴다.

▶▶▶ 헥사 타프 치기 58쪽, 캠핑에 유용한 매듭법 72쪽

버너 켜기

가스 버너는 대부분 원터치로 쉽게 점화가 되지만 휘발유 버너는 점화를 하려면 연료통의 압력을 높이기 위해 펌프질을 해 줘야 한다. 보통 40회 정도 펌프질을 해야 하며 화재의 염려가 없는지 확인한 후 불을 붙인다.

휘발유 버너 양쪽에 점화가 된 상태

콜맨 투버너 컴팩트

휘발유 버너는 연료를 넣고 버너 주변에 떨어진 연료를 깨끗이 닦아 낸다. 그다음 주변에 인화물질이 없는지 확인하고 불을 붙인다. 휘발유 버너는 겨울철에 장시간 사용하다 보면 연료통 내부 압력이 떨어져 불꽃이 서서히 약해진다. 이럴 경우 연료통에 달린 펌프를 이용해 압력을 높여 주면 금방 불꽃이 되살아난다.

가스 버너는 날씨가 추워지면 연료통 안의 연료가 제대로 기화되지 않는데 이때는 연료통을 뜨겁게 해 주면 화력이 좋아진다.

이런 문제 때문에 겨울에는 가스 버너 사용 시 기화점이 낮은 부탄가스의 단점을 극복하기 위해 프로판 비율을 높인 이소부탄을 사용한다.

가스 버너는 호스 연결부나 점화부에 연료를 제대로 끼웠는지 확인한 후 불을 붙인다.

▶▶▶ 캠핑 버너 18쪽, 버너 관리 88쪽

버너 켜기

1 휘발유 버너 케이스에서 연료통과 버너를 꺼낸다.

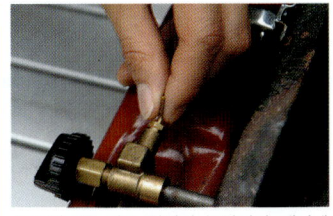

5 연료통 내부 압력이 높아지면 제너레이터 내부로 들어오는 연료 양을 조절하는 ㄴ자로 생긴 황금색 밸브를 연다.

2 연료통에 화이트가솔린을 채우고 공기가 새어나가지 않도록 연료통 마개를 단단히 닫는다.

6 불의 세기를 조절하는 불 조절 밸브를 열고 라이터로 버너에 불을 붙인다.

3 연료통을 버너의 점화부에 연결한다.

7 불이 붙었으면 약한불로 어느 정도 예열해 준다.

4 연료통에 달린 펌프 손잡이를 잡고 엄지와 검지, 중지로 펌프 중앙의 공기구멍을 막고 40회 정도 펌프질을 한다.

8 연료 조절 밸브를 열어 불이 파랗게 되면 스탠드에 코펠을 올려놓는다.

▶▶▶ 버너와 랜턴 밸브 수리 92쪽

랜턴 켜기

조명은 밤이 오기 전에 준비를 해 둬야 한다. 휘발유 랜턴은 연료가 충분한지 미리 확인하고 가스 랜턴은 가스통과 랜턴을 연결해 둔다. 맨틀도 점검해서 찢어져 있으면 갈아 준다. 실내에서 쓰는 전지 랜턴의 상태도 켰다 껐다 하면서 점검해 본다.

휘발유 랜턴은 강력한 불빛을 뿜어 낸다.
콜맨 2맨틀 랜턴

날씨가 추워지면 휘발유 랜턴의 조도가 떨어질 때가 있다. 이것은 랜턴에 구멍이 났기 때문이 아니라 온도가 내려가 제너레이터를 통해 뿜어지는 연료 양이 일시적으로 줄어들었기 때문이다. 이럴 때는 펌프질을 계속 해 주면 금방 밝아진다.

전지 랜턴을 제외하고 모든 랜턴이 빛을 발하면서 상당한 열을 발산한다. 그래서 늘 화재 발생에 주의해야 한다. 휘발유 랜턴과 가스 랜턴 모두 주기적으로 맨틀을 교환해 주는 것이 좋다.

만약 오지나 섬 같은 곳에서 캠핑을 하다 연료가 떨어져 구할 수 없는 상황이 되면 라이터 기름이나 자동차 기름을 급한 대로 사용해도 된다. 단 점화부나 제너레이터에 이물질이 낄 수 있다.

점화 밸브의 상태를 확인하자

맨틀에 불을 붙이기 전까지 점화 밸브는 반드시 닫혀 있어야 한다. 만약 점화 밸브가 조금이라도 열려 있으면 연료통에 가해진 공기 압력으로 인해 제너레이터에 제대로 기화되지 않은 연료가 올라올 수 있다. 이때 맨틀에 불을 붙이면 랜턴 자체에 불이 붙을 수 있다.

▶▶▶ 랜턴 30쪽, 랜턴 관리 90쪽

랜턴 켜기

1 휘발유 랜턴과 화이트가솔린을 준비한다.

4 40회 정도 펌프질을 해 준 뒤, 펌프를 끝까지 밀어 넣고 손잡이 부분을 돌려 펌프를 닫는다.

2 연료통 마개를 열고 화이트가솔린을 채운다. 연료는 2/3 정도만 채운다.

5 펌프질로 연료통 내부 압력을 높인 뒤, 화력 조절 밸브를 열고 종이에 불을 붙여 맨틀에 불을 붙인다.

3 엄지와 검지, 중지로 펌프 손잡이를 쥐고 중앙의 구멍을 막으면서 펌프질을 한다.

6 맨틀에 불이 붙으면 불빛의 밝기를 조절하고 몇 차례 더 펌프질을 해 준다. 필요한 곳에 걸어 놓는다.

▶▶▶ 버너와 랜턴 밸브 수리 92쪽, 캠핑에 유용한 매듭법 72쪽

맨틀 교체

유리 섬유로 만든 맨틀은 약간의 충격에도 쉽게 부서지기 때문에 조심해서 다루어야 한다. 랜턴 손잡이 부분과 유리관을 분리해 맨틀을 고정하는 점화부에 새 맨틀을 끼우면 된다. 항상 여분의 맨틀을 휴대하고 있어야 한다.

새 맨틀로 교체한 모습.

1 벤틸레이터 위에 있는 너트를 풀어 벤틸레이터를 들어 낸다.

3 사용하던 맨틀을 점화부에서 떼어 낸다.

2 맨틀을 감싸고 있는 유리관도 뺀다.

4 점화부에 새 맨틀을 끼우고 흘러내리지 않도록 잘 묶는다.

랜턴 켜기

5 맨틀을 묶고 남은 여분의 실을 가위로 잘라 낸다.

7 라이터로 맨틀에 불을 붙인다.

6 맨틀 교체가 끝난 모습

8 맨틀 전체를 골고루 태워 준다. 맨틀이 제대로 타면 펌프질을 한 뒤, 밸브를 열어 불을 붙인다.

맨틀은 세워서 보관한다

맨틀을 일회용으로 알고 있는 캠퍼들이 많다. 그래서 캠핑을 갈 때마다 갈아 끼우곤 한다. 그러나 맨틀은 어떻게 관리하느냐에 따라 사용 횟수가 달라진다. 관건은 보관을 어떻게 하느냐이다. 맨틀은 한 번 태워야 빛을 발한다. 그때부터 전과는 다른 형태로 변하기 때문에 아주 작은 충격에도 잘 부서진다. 초보 캠퍼 중에 차량 이동 시 랜턴을 눕혀 놓는 경우가 있는데 이렇게 하면 맨틀이 쉽게 부서진다. 맨틀은 기본적으로 세워서 보관한다. 물론 항상 여분의 맨틀도 준비한다. 랜턴 크기와 종류에 따라 맨틀 모양과 크기도 달라지므로 자신이 갖고 있는 랜턴에 맞는 것을 고른다.

화로에 불 피우기

화로에 불을 피울 때는 먼저 화재 예방을 위해 화로 주변에 물을 뿌린다. 그런 다음 장작, 숯, 종이를 이용해 불을 피운다. 이때 텐트나 타프에 불씨가 날아가지 않도록 바람의 방향을 고려해야 한다.

화로에 불을 붙여 차콜 스타터를 올려놓은 모습   콜맨 스테인리스 파이어 플레이스

화로에 사용하는 주 연료는 장작과 숯이다. 장작은 화력이 높고 원적외선을 방출해 고기 맛을 살려주지만 온도 조절이 어려워 고기가 잘 탄다. 반면 숯은 고기를 천천히 익힐 수 있고 무게도 장작보다 가볍다. 화재 위험 또한 장작보다 덜하다.

숯불을 사용할 때는 불씨가 인화성 물질에 옮겨 붙지 않도록 조심하고, 만일의 사태를 위해 화로 곁에 물을 담은 코펠을 놓아둔다. 숯과 달리 번개탄이나 중국산 착화탄은 납과 카드뮴 성분이 포함된 폐자재를 사용하기 때문에 가급적 사용을 자제한다.

화로 사용 후 불을 끌 때 가장 좋은 방법은 완전 연소 때까지 기다리는 것이다. 다른 필요에 의해 빨리 불을 꺼야 할 때는 물을 담은 코펠에 사용 연료를 하나씩 물에 담그면 된다.

▶▶▶ 화로 32쪽, 화로 관리 94쪽

화로에 불 피우기

1. 화로를 설치한 뒤 불똥이 튀어 불이 나는 것을 예방하기 위해 화로 주변에 물을 뿌려 준다.

4. 신문지에 불이 붙으면 어느 정도 불이 세질 때까지 기다렸다가 숯을 얹는다.

2. 신문지 한 장을 둥글게 구겨 테이프로 감는다. 이것을 7~8개 정도 만든다.

5. 숯을 얹고 불이 붙을 때까지 부채질을 해 준다. 숯에 불이 붙었으면 중앙에 새 숯을 더 얹는다.

3. 구긴 신문지를 화로에 넣고 하나씩 불을 붙인다.

6. 불이 붙었으면 필요한 장비를 올려 다음 작업을 진행한다.

화로가 없을 땐 돌을 이용하자

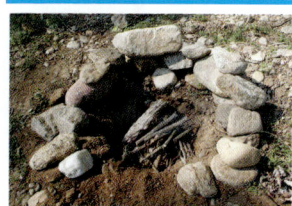

화로를 가지고 오지 않았다면 화재가 날 염려가 없는 고른 땅을 골라 불 피울 자리를 정한다. 그다음 불티가 날아가지 않게 빙 둘러 돌을 쌓고 땅을 깊게 판다. 파 낸 자리에 종이와 잔가지를 놓고 불을 붙이고 불이 붙었으면 그 위에 굵은 나무를 더 얹는다.

캠핑 사이트 정리

캠핑 사이트를 구축한 뒤, 내외부를 정돈해 두면 그만큼 거주성과 활동성이 높아진다. 수십 가지가 넘는 다양한 캠핑 장비를 필요한 순간에 바로 찾을 수 있도록 배치나 동선 등을 고려하여 정리해 놓는다.

텐트 내부 정리를 끝마친 모습

집에서 분명 장비를 가지고 왔는데 막상 필요한 순간에 어디 뒀는지 기억이 안 나 당황할 때가 있다. 수십 가지가 넘는 장비들 틈에 묻혀 버린 것이다. 캠핑 장비를 내려 놓고 대충 정리했기 때문이다. 캠핑 사이트를 철저하게 정리해 놓으면 장비 찾는 시간을 줄이고 동선을 최소화할 수 있으며 화재 예방과 내부 공간 활용 등도 기대할 수 있다.

정리 정돈의 기본은 폴더를 만들어 연관 파일을 보관하듯이 끼리끼리 모으는 것이다. 먹을거리는 먹을거리대로, 장비는 장비대로 모아 둔다. 버너와 코펠 같은 조리도구는 키친 테이블이나 음식물 보관함 옆에 둔다.

바로 사용할 것과 나중에 사용할 것도 따로따로 구분해 둔다.

바로 먹을 음식 재료는 키친 테이블 위

그릇을 씻어 한곳에 모아 두면 언제든 편리하게 쓸 수 있다.

에 놓고 나중에 쓸 재료는 상하지 않도록 쿨러에 넣어 보관한다.

실내 공간 분할은 테이블을 중심으로 한다. 가령 거실형 텐트는 테이블을 중앙에 두고 공간을 반으로 나눠 한쪽은 키친 테이블과 버너, 스탠드, 음식물 등을 모아 두는 주방으로, 다른쪽은 침실로 활용하는 것이 일반적이다.

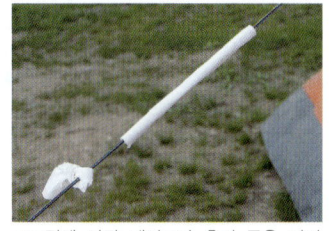
스트링에 야광 테이프나 휴지 등을 달아 사람들 눈에 잘 띄도록 한다

거실형 텐트 실내에 어지러이 놓여 있는 캠핑 장비들

또한 내부에 이너 텐트를 설치했다면 한쪽은 랜턴, 화로대 등의 장비를, 다른 쪽에는 키친 테이블 등의 조리도구를 보관하면 된다.

텐트 외부의 경우 텐트 안으로 물이 스며들지 않도록 배수로를 정비하고 전기선이나 스트링이 아이들 발에 걸리지 않도록 정리한다. 텐트와 펙을 연결한 스트링에는 야광 테이프나 휴지 등을 달아 사람들 눈에 잘 띄도록 한다. 오지에 있는 캠핑장이라면 뱀이 나올 수도 있으므로 텐트 주변에 뱀이 싫어하는 백반이나 담배 가루를 뿌려 둔다.

참고로 캠핑 중에 내린 비에 텐트와 플라이가 덜 말랐다면 집에 가져갈 때는 비어 있는 쿨러를 이용해서 깔끔하게 수납한다. 차곡차곡 접어 쿨러에 넣은 뒤 집에서 깨끗이 세탁하면 된다.

양념류는 플라스틱 통에 보관한다

짐 꾸리기의 관건은 장비를 최소화하고 부피를 최대한 줄이는 것이다. 이것은 양념류도 예외가 아니다. 며칠 있을 캠핑장에 통이나 병에 든 양념을 통째 가져갈 필요가 없다. 자일리톨 껌 통이나 치킨을 시키면 따라오는 무 통에 넣어 가져가면 된다. 가볍고 투명해 안에 든 내용물도 확인할 수 있다.

캠핑에 유용한 매듭법

매듭법을 잘 익혀 놓으면 캠핑뿐만 아니라 낚시, 암벽등반 같은 다른 아웃도어 활동에서도 요긴하게 써 먹을 수 있다. 캠핑에서는 텐트와 타프를 펙이나 나무에 고정할 때 매듭법을 많이 사용한다. 매듭을 하고 남은 부분은 항상 옭매듭으로 마무리하여 매듭이 풀리지 않도록 한다.

이중 8자 매듭(Double Figure Eight Knot)

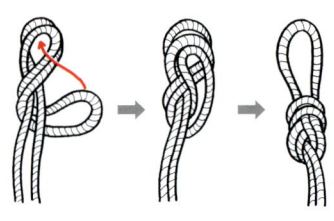

암벽등반에서 많이 사용하는 이중 8자 매듭은 텐트나 타프의 폴을 고정할 때 사용하는 매듭이다. 8자 매듭은 매듭 모양이 숫자 8을 닮았기 때문에 붙여진 이름이며 매듭 중에서 가장 안전하고 튼튼하다. 8자 매듭을 한 후에는 반드시 옭매듭을 한 번 더 해 준다.

1 스트링의 끝부분을 반으로 접어 2줄로 만든 뒤 그림처럼 작은 고리를 만든다.

3 한번 틀어 꼬아 준 고리의 아래쪽에서 위쪽으로 접힌 부분을 통과시킨다.

2 만들어진 작은 고리를 한번 틀어서 꼬아준다.

4 잡아 당겨 조이면 완성이다.

투 하프 히치(Two Half Hitch)

하프 히치는 물체를 묶을 때 가장 쉽게 할 수 있는 매듭법이지만 줄을 당기면 금방 풀리기 때문에 이 매듭만 사용하는 일은 거의 없다. 하프 히치를 2번 연속해서 매면 강도가 훨씬 세지는데 이 매듭이 바로 투 하프 히치다. 아무리 줄을 잡아당겨도 풀리지 않는다. 주로 바다에서 포스트나 링에 요트를 묶어 둘 때 많이 사용한다.

1 스트링을 나무나 펙에 한 번 감아 준다.

4 다시 한 번 같은 방향으로 스트링을 감는다.

2 한쪽 스트링 끝부분을 잡고 다른쪽 스트링의 바깥쪽에서 안쪽으로 감아 고리를 만든다.

5 스트링을 잡아당겨 단단하게 조이면 완성이다.

3 잡아 당기면 하프 히치 매듭이 된다.

펙에 투 하프 히치 매듭을 적용한 예

토트라인 히치(Tautline Hitch)

암벽등반 시 등반자가 자기 확보용 줄 길이를 조절할 때 쓰는 매듭법이 토트라인 히치다. 줄을 느슨하게 하거나 팽팽하게 할 수 있는 간단한 매듭법이다.

주로 텐트나 타프를 고정할 때 많이 사용한다. 비를 많이 맞아 타프가 쳐지기 시작하면 매듭 부분을 당겨 스트링을 팽팽하게 해 준다. 타프가 다시 본래 모습을 되찾는다.

1 스트링을 나무에 건다.

2 스트링 한쪽 끝을 잡고 다른쪽 스트링의 바깥쪽에서 안쪽으로 한 번 감는다. 하프히치 매듭이 된다.

3 같은 방향으로 한 번 더 감는다.

4 2번째 하프 히치의 매듭 안쪽으로 스트링 끝부분을 한 번 더 감아 준다.

5 사진에서 보는 것처럼 맨 바깥쪽에 한 번 더 하프 히치를 해 주면 매듭이 완성된다.

펙에 토트라인 히치 매듭을 적용한 예

보울라인(Bowline)

재빨리 할 수 있고 강도도 세며 매듭을 단단하게 조여도 쉽게 풀 수 있어 '매듭의 왕'으로 불린다.
텐트 고정용 스트링을 나무에 감거나 타프에 스트링을 묶을 때 사용한다. 이 매듭의 특징은 매듭이 헐거워지거나 엉키지 않는다는 것이다. 암벽등반에서는 로프를 고정시킬 때나 등반자 몸에 직접 묶을 때 사용한다. 이 외에도 모든 아웃도어 활동에서 사용되는 믿을 수 있는 매듭이다.

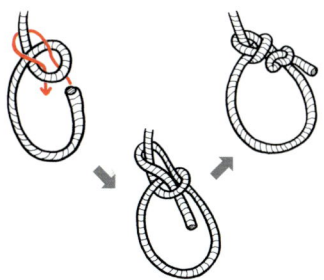

3 통과시킨 줄을 다른 줄의 아래쪽에서 위쪽으로 뽑아 준다.

1 나무에 스트링을 걸고 사진처럼 줄 중간에 적당한 크기의 고리를 만든다.

4 위쪽으로 뽑은 줄을 다시 고리에 집어 넣는다.

2 다른쪽 끝부분을 고리 안쪽으로 통과시킨다.

5 4의 줄을 팽팽하게 당기면 완성이다.

피셔맨스 매듭(Fisherman's Knot)

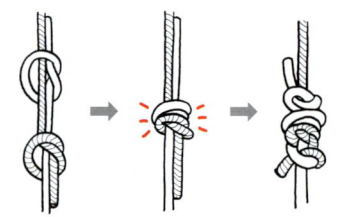

스트링과 스트링을 연결하는 피셔맨스 매듭은 낚시꾼들이 낚싯줄을 묶을 때 사용하던 매듭이다. 이 매듭은 타프 고리에 폴을 걸고 펙으로 고정할 때 스트링 길이가 모자라 다른 스트링으로 이어야 할 때, 줄 2개를 연결해 진창에 빠진 차를 다른 차가 꺼내야 할 때 사용한다. 단단히 조여지면 풀기가 어렵고 스트링 굵기가 서로 다르면 쉽게 풀리는 단점이 있다.

1 스트링 2개의 끝부분을 나란히 놓고 위쪽에 있는 스트링 끝부분으로 아래쪽 스트링을 감아 오버핸드 매듭을 한다.

3 스트링을 동시에 양쪽으로 잡아당겨 매듭을 조여 준다.

2 아래쪽 스트링 끝부분을 잡고 위쪽 스트링을 한 번 휘감아 오버핸드 매듭을 한다.

4 완성된 매듭. 여분의 스트링으로 옭매듭을 해 준다.

클렘하이스트 매듭(Klemheist Knot)

자기 제동 매듭(Self-locking Knot)의 일종으로 슬링을 사용해서 맨다. 하중이 걸리면 매듭이 고정되고 하중이 걸리지 않으면 위아래로 매듭이 움직인다. 캠핑에서는 랜턴을 걸어 둘 때 많이 사용하고, 등산에서는 추락한 동료나 짐을 끌어 올릴 때 사용한다.

1 스트링의 양쪽 끝을 피셔맨스 매듭으로 묶어 슬링으로 만든다.

4 통과시킨 고리가 너무 길거나 짧으면 스트링을 풀어 2번과 3번 과정을 되풀이한다.

2 랜턴을 걸고자 하는 곳에 슬링을 감아준다. 슬링 길이에 따라 적당히 감아준다.

5 완성

3 슬링을 감은 뒤 슬링 위쪽을 아래쪽의 고리 안으로 통과시킨다. 반대로 해도 된다.

매듭을 확대한 모습

아이들과 함께한다 ①

해먹 만들기

모처럼 가족과 캠핑을 왔다면 단순히 먹고 마시고 놀기만 하지 말고 아이들 손을 잡고 근처 숲 속이나 산속을 거닐어 보자. 도시 생활에 익숙하여 자연과 벗할 기회가 흔치 않는 아이들에게 좋은 선물이 될 것이다. 또한 아이들과 간단한 놀이를 함께 함으로써 색다른 즐거움을 선사해 보자.

3 줄을 끼운 천을 적당한 나무 사이에 매단다.

1 왁스를 입힌 튼튼한 실로 두꺼운 천의 가장자리를 박음질한다.

4 해먹에 올라탈 때는 먼저 엉덩이를 올려놓고 앉은 다음 다리를 올려야 한다.

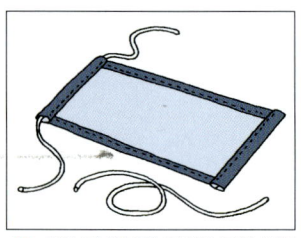

2 천의 양 끝단을 접어서 굵은 줄이 들어갈 자리를 만든다.

5 대각선이 되도록 몸을 눕힌다. 이렇게 해야 몸이 펴지고 몸의 어느 부분에도 부담을 주지 않는다.

제3장
장비를 관리한다

텐트 관리 ·80
텐트 수리 ·82
타프 관리 ·85
타프 수리 ·86
버너 관리 ·88
랜턴 관리 ·90
버너와 랜턴 밸브 수리 ·92
화로 관리 ·94
코펠 관리 ·96
더치오븐 관리 ·98
불 피우기 ·102

텐트 관리

텐트가 비를 잔뜩 맞았거나 이물질이 묻었을 때는 반드시 깨끗한 물로 씻어 주고 마른 수건이나 부드러운 천으로 물기를 완전히 제거한다. 사용하지 않을 때는 직사광선이 닿지 않은 서늘한 곳에 보관한다.

텐트 본체와 플라이는 날씨만 좋으면 저절로 마르기 때문에 관리가 수월한 편이다.

1년 내내 계절 구분 없이 캠핑을 즐기는 캠퍼라면 텐트 관리와 보관 방법에 따라 텐트 수명이 달라진다는 사실을 잘 알 것이다.

텐트는 보관하기 전에 본체와 플라이를 따로 분리해 편평한 바닥에 펼쳐 놓고 말린다. 특히 본체 바닥의 습기는 바닥이 하늘을 향하도록 뒤집어 놓아야 햇볕에 마르면서 제거된다.

플라이와 텐트 바닥의 물기가 마르면 양쪽에서 텐트를 잡고 먼지를 털어 준다. 이때 내부가 바깥쪽으로 가도록 해야 이물질을 털어낼 수 있다.

먼지를 털어 낸 다음 텐트를 갠다. 텐트를 갤 때는 양쪽 끝을 잡고 안쪽으로 접어 넣어 부피를 1/2로 줄이고 한 번 더 안쪽으로 접는다.

텐트 바닥이 하늘을 향하도록 뒤집어서 말리면 바닥의 습기가 제거된다.

▶▶▶ 텐트 12쪽, 텐트 수리 82쪽

텐트 관리

텐트를 잘 접어 내부의 공기를 빼내고 텐트 주머니에 넣어 보관한다.

비가 오는 날 캠핑을 했다면 캠핑이 끝난 뒤에 반드시 깨끗한 물로 텐트를 씻어야 한다. 텐트를 씻을 때는 욕실이나 베란다에 쫙 펼쳐 놓고 샤워기나 호스를 이용한다. 씻은 다음에는 바람이 잘 통하는 서늘한 곳에서 말린다.

마당이 있는 일반 주택은 빨랫줄에 널어 말리고 아파트에서는 베란다에 걸쳐 놓고 말리면 된다. 이때 바람에 날아가지 않도록 주의한다. 말릴 때는 바람이 잘 통하도록 텐트 내부의 지퍼를 열어 준다. 빨래 건조대에 텐트를 펴서 말리기도 한다.

그다음 텐트 내부의 공기를 빼내고 텐트 주머니에 넣는다.

텐트에 이물질이 묻었을 때는 깨끗한 수건에 물을 묻혀 닦아 낸다. 텐트는 비벼서 빨거나 세탁기로 세탁할 경우 텐트가 지닌 고유의 방수 기능이 떨어진다. 특히 플라이는 자외선 차단과 방수 효과를 높이기 위해 표면에 코팅을 하기 때문에 코팅이 벗겨지지 않도록 조심해서 세탁한다.

텐트를 보관할 때는 습기 찬 곳이나 캐비닛은 피하고 아파트 베란다 선반처럼 햇살이 들면서 통풍도 잘 되는 곳을 선택한다.

폴은 끝부분과 연결 부위에 묻은 흙을 털어 내고 중성 세제에 담갔다가 깨끗한 물로 씻은 뒤 서늘한 곳에서 말린다.

텐트에 곰팡이가 피었다면

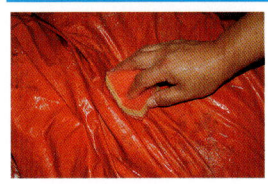

창고에서 텐트를 꺼내 보니 곳곳에 곰팡이가 슬고 악취가 진동할 때가 있다. 비에 젖은 텐트를 말리지 않은 채 텐트 주머니에 넣어 두었거나 습기 찬 곳에 그냥 방치했기 때문이다. 이때는 욕조에 미지근한 물을 받아 중성 세제를 푼 뒤 곰팡이 핀 텐트를 잠시 넣어 둔다. 그런 다음 더러워지고 곰팡이 핀 부분을 부드러운 스펀지로 닦아 주면 말끔해진다.

▶▶▶ 돔형 텐트 치기 54쪽, 거실형 텐트 치기 56쪽

텐트 수리

텐트에 구멍이 났거나 찢어졌을 때는 텐트 수선용 키트를 이용한다. 수선용 키트에는 방수 기능을 지닌 수선용 테이프와 접착제, 폴 수선용 미니 폴 등이 있으며 1만 원 선에서 구입이 가능하다.

찢어진 텐트 수선

비바람을 막아 주는 텐트는 인장 강도가 강한 나일론 천으로 만들지만 날카로운 물건이나 뜨거운 열에는 아주 취약하다. 특히 화롯불 불씨에 의해 구멍이 나거나 강한 바람 탓에 찢어질 때가 있다.

이럴 때는 텐트 수선용 키트와 코펠을 이용해 수선한다. 보통 텐트는 열십자(+)나 한일자(―)로 찢어지는 경우가 대부분이므로 찢어진 천 안쪽과 바깥쪽에 수선용 테이프를 붙이면 된다.

1 텐트의 찢어진 부분을 찾는다. 그런 다음 편평한 곳에 펼쳐 수선 부위를 부드러운 천으로 깨끗하게 닦는다.

3 잘라 낸 수선용 테이프를 찢어진 부위 안쪽에 붙인다.

2 찢어진 부위를 고려해 수선용 테이프를 알맞은 크기로 자른다.

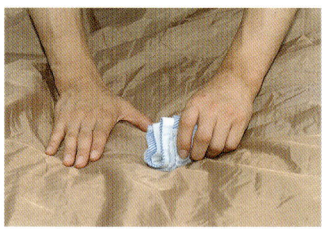

4 텐트를 뒤집어 찢어진 부위의 바깥쪽을 부드러운 천으로 닦아 준다.

▶▶▶ 텐트 12쪽, 텐트 관리 80쪽

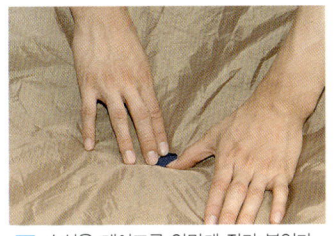

5 수선용 테이프를 알맞게 잘라 붙인다.

6 뜨거운 물을 코펠에 담아 접착 부위가 잘 달라붙도록 다림질을 해 준다.

폴 수리

폴은 두랄루민이나 알루미늄, 파이버글라스 같은 가볍고 튼튼한 소재로 만든다. 하지만 아무리 튼튼한 소재라 하더라도 강풍이 계속되거나, 순간적으로 강한 힘이 한곳에 쏠리면 깨지거나 부러지고 만다.

폴의 연결 부위가 부러졌을 때는 수선용 키트에 있는 폴 수선형 미니 폴로 연결해 준다. 파이버글라스 소재의 폴이 반으로 쪼개졌다면 청 테이프를 감아 주고, 나뭇가지를 같이 묶어 힘을 받을 수 있도록 한다.

폴의 중간이 깨진 경우

1 깨진 부분이나 금이 간 부분에 청 테이프를 감아 준다.

2 나뭇가지와 함께 묶어 힘을 받을 수 있도록 해 준다.

텐트 플라이의 코팅막이 벗겨졌다면

텐트 플라이는 장시간 직사광선을 맞거나 집중적으로 한곳에 마찰이 가해질 경우 코팅막이 벗겨질 수 있다. 이때는 텐트 플라이용 방수 스프레이를 구입해 코팅막이 벗겨진 부분에 뿌려 준다.

폴 연결 부위가 파손된 경우

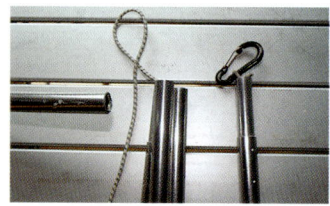

1 부러진 폴의 연결 부위에 있는 끊어진 스트링을 빼낸다.

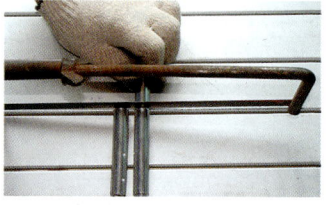

4 그 길이만큼 여분의 폴을 잘라 낸다.

2 파손된 부분을 실톱으로 자른다.

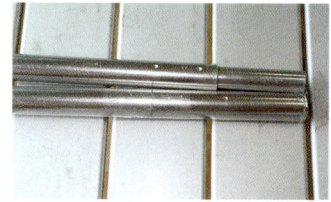

5 4의 폴을 부러진 폴의 연결 부위에 끼운다.

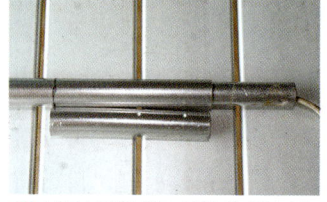

3 자른 부분을 텐트 구입 시 들어 있는 여분의 폴에 대고 길이를 잰다.

6 끊어진 스트링을 다시 연결한다.

땅이 얼어 펙이 제대로 박히지 않을 때

겨울철 언 땅에서는 강철 펙도 박기가 쉽지 않다. 이때는 무겁고 긴 강철 펙보다 오히려 굵고 긴 콘크리트 대못이 더 효과적이다. 못이 박히면서 찬 기온에 얼어 버려 든든한 지지점이 된다. 다만 못은 나중에 뺄 때 힘들기 때문에 미리 못에 와셔를 끼우고 매듭을 만들어 두면 회수가 쉽다.

대못은 일반 펙보다 작기 때문에 눈에 잘 띄지 않는다. 간혹 다른 캠퍼나 아이들이 못에 걸려 넘어질 수 있다. 반드시 회수한다.

타프 관리

타프는 겨울을 제외한 3계절에 꼭 필요한 장비다. 텐트와 더불어 자외선과 비를 막는 첨병으로 제대로 관리하지 않으면 수명이 반으로 줄어든다.

타프를 수납할 때는 먼저 물기와 먼지를 제거한 뒤 두 사람이 타프 양쪽 끝을 잡고 정확히 반이 되도록 접는다. 반으로 접고 다시 한 번 반을 접는다. 오른쪽 그림처럼 접었으면 여기서 다시 양쪽을 반으로 접어 보관 주머니에 넣는다.
타프 폴은 끝부분과 연결 부위에 묻은 흙을 칫솔로 털어 내고 폴을 접어 폴 주머니에 보관한다. 타프 보관 주머니에 같이 넣어 둬야 잃어 버리지 않는다.
폭우에 타프가 젖었다면 집에 돌아와 비에 젖은 타프를 샤워기로 깨끗하게 씻은 뒤 잘 말린다. 그런 다음 서늘한 곳에 보관한다. 장기간 보관할 때는 방수액을 뿌려 준다.

타프 양쪽 끝을 잡고 정확히 반이 되도록 접는다.

펙이 힘을 받지 못할 때

땅의 상태에 따라 펙이 제대로 박히지 않거나 모래가 많아 전혀 힘을 받지 못할 수가 있다. 이럴 때는 펙 대신 커다란 돌에 스트링을 감아 스트링이 팽팽해질 때까지 당겨 준다. 또는 펙 2개를 이용해서 폴과 3지점이 되도록 박은 뒤에 스트링을 고정한다.

▶▶▶ 타프 16쪽, 헥사 타프 치기 58쪽, 렉타 타프 치기 60쪽, 타프 수리 86쪽

타프 수리

타프는 타프 주인의 캠핑 실력을 말해 주는 잣대 구실을 한다. 타프를 어떤 식으로 쳤는지, 모양은 어떤지, 관리는 어떻게 하는지를 보면 그 수준을 미루어 짐작할 수 있다. 특히 타프 소재가 나일론인 만큼 불씨에 구멍이 나거나 돌풍으로 찢어질 때가 있다. 세심한 관리가 필요하다.

타프 관리는 캠퍼의 수준을 말해 주는 좋은 본보기가 된다.

사진 제공 콜맨코리아

타프는 형태에 관계없이 각 모서리마다 폴을 거는 고리가 달려 있다. 이 고리 부분이 떨어져 나갔을 경우 작은 돌을 타프 천으로 싸서 스트링으로 감아준 뒤 투 하프 히치 매듭을 해 준다. 돌을 넣지 않고 스트링만으로 타프 천을 묶을 수도 있지만 강풍이 불면 쉽게 풀려 버린다.

화로의 불씨로 인해 타프에 구멍이 나거나 찢어질 수도 있다. 이때는 수선용 키트에 있는 테이프를 이용해 봉합한다.

우선 타프의 구멍 난 부분을 수건이나 천으로 깨끗이 닦아 이물질을 제거한다. 그런 다음 수선용 테이프를 알맞게 잘라 구멍이 난 부분에 붙여 준다. 이때 주의할 점은 타프 양면에 수선용 테이프를 붙여야 한다는 것이다.

수선용 테이프를 붙인 뒤에는 코펠에 물을 끓여 테이핑한 부분이 잘 달라붙도록 코펠 바닥으로 다림질을 해 준다.

타프 고리 부분이 떨어졌을 때

1 스카프로 돌을 싼다.

3 스트링으로 돌을 감으면서 생긴 고리 안쪽으로 줄을 넣어 투 하프 히치 매듭을 한다.

2 타프 천으로 1의 돌을 감싼다.

4 남는 스트링은 옭매듭으로 정리한다.

★ 스카프로 돌을 싸는 것은 타프 천 코팅막이 돌의 돌기에 손상되는 것을 막기 위해서다.

타프가 찢어지거나 구멍이 났을 때

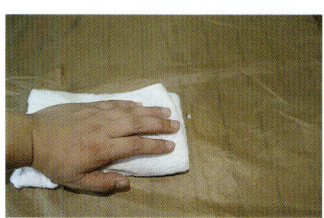
1 찢어진 부분을 한 번 닦은 뒤 수선용 테이프를 붙인다.

2 타프 양면에 수선용 테이프를 붙이고 코펠에 더운 물을 받아 다림질을 한다.

버너 관리

버너는 사용 후 노즐 부분에 먼지나 이물질이 끼지 않도록 자주 청소해 준다. 장시간 사용하지 않을 때는 연료를 빼놓는 것이 좋다. 또한 펌프질을 하는 밸브 부분은 주기적으로 기름칠을 해 준다.

버너는 다른 어떤 장비보다 꼼꼼하게 관리하고, 사용법도 숙지해야 한다.

등산용 가스 버너는 보관 시 연료통을 떼어 내고 케이스에 넣는다. 오토캠핑용 투 버너 역시 바람막이를 접은 상태에서 연료통을 따로 분리해 준다.

휘발유 버너는 연료 주입구를 닫고 연료통 내부에 펌프질을 해 주는 피스톤 공기구멍을 잠근 후 케이스에 넣는다.

부드러운 칫솔로 점화부를 닦아 준다.

가스 버너와 휘발유 버너 점화부는 분기에 한 번 정도 부드러운 칫솔로 청소해 준다. 특히, 휘발유 버너에 화이트가솔린이 아닌 일반 가솔린을 사용했다면 점화부에 이물질이 낄 수 있으므로 더욱 세심한 관리가 필요하다.

휘발유 버너를 오랜 기간 고장 없

장시간 사용하지 않을 때는 연료를 빼놓아야 한다.

이 사용하려면 각별한 애정과 정비가 필요하다. **장시간 사용하지 않을 경우, 연료통 내부에 있는 연료를 빼놓는 것이 좋다.** 이는 연료통 내부의 부식을 막고 오래된 연료를 사용해 이물질이 노즐을 막는 것을 방지하기 위해서다. 특히 오래된 연료는 화이트가솔린 본연의 점화성이 떨어져 제대로 된 화력이 나오지 않는다.

오랜만에 휘발유 버너를 사용한다면 사용하기 전에 연료 주입구 마개를 열어 연료통 내부의 압축 공기를 빼낸다. 한 달 이상 압축된 상태로 보관할 경우, 점화 시 연료의 과잉 공급으로 버너 전체에 불이 붙을 수 있기 때문이다. 공기를 빼내고 다시 펌프질을 해서 사용한다.

휘발유 버너는 연료통 내부 압력을 높이는 펌프의 고무 패킹이 제대로 작동하지 않을 때 고장 날 확률이 높다. 고무 패킹 내부에 있는 윤활유가 모두 소진되었거나 패킹이 삭아서 헐거워진 것이 주요 원인이다.

너무 헐거워진 패킹은 새것으로 교체해 준다. 만약 당장 새 패킹이 없다면 응급조치로 펌프에 있는 고무 패킹을 빼내 틈을 조금 벌린 뒤 다시 끼워 사용한다.

윤활유가 없으면 새로 기름칠을 해 주고 아쉬운 대로 패킹에 침을 묻혀 사용할 수도 있다.

버너 전체에 불이 붙었을 때

휘발유 버너에 '퍽'하고 불이 붙는 경우는 대개 연료가 밖으로 빠져나오면서 불을 붙였거나 연료 주입 시 흘러내린 휘발유를 제대로 닦지 않고 불을 붙였기 때문이다. 2가지 경우 모두 버너 전체에 불이 붙는 원인이 된다. 만약 불이 붙으면 당황하지 말고 커다란 코펠로 점화부를 덮어 공기를 차단해서 끈다. 흙을 덮어 끌 수도 있지만 노즐이 막혀 청소하는 데 애를 먹는다.

▶▶▶ 버너와 랜턴 밸브 수리 92쪽

랜턴 관리

캠핑용 랜턴은 중앙의 맨틀을 유리관이 감싸고 있는 형태이므로 보관 시 각별한 주의가 필요하다. 케이스 내부에 수건을 두르거나 신문지를 넣어 충격을 완화하는 것도 좋은 방법이다.

연료 주입구 밸브를 열어 연료통 내부의 압축된 공기를 빼 준다.

휘발유 랜턴을 보관할 때는 반드시 연료 주입구 밸브를 열어 연료통 내부의 압축된 공기를 빼 줘야 하며 연료가 새지 않도록 에어 밸브를 잠가 준다. 가스 랜턴은 가스통을 제거하고 케이스에 넣어 보관한다.

2가지 랜턴 모두 중앙의 맨틀을 둥근 유리관이 감싸고 있는 형태이므로 랜턴 케이스에 넣어 보관해야 유리관이 깨지지 않는다. 더 안전하게 보관하려면 **유리관과 랜턴 케이스 사이에 신문지나 수건 등을 넣어 보관하면 된다.**

유리관이 깨지는 것을 막기 위해 랜턴을 수건으로 감싸 케이스에 보관한다.

여분의 맨틀을 랜턴 케이스 바닥에 넣어 두면 캠핑장에서 맨틀이 없어 당황하지 않게 된다. 랜턴 케이스에 넣은 뒤에는 최대한 흔들리지 않도록 수납에 신경을 써야 한다.

랜턴을 장기간 보관할 때는 맨틀을 빼내고 칫솔로 제너레이터 부위를 깨끗이 정리해 둔다. 또한 연료통에 있는 가솔린도 모두 빼 놓는다. 가솔린을 빼 놓지 않으면 연료통 내부에 작은 이물질이 껴 연료가 제대로 분사되지 않아 고장의 원인이 된다. 또한 펌프의 고무 패킹을 삭게 만들어 패킹이 쉽게 찢어질 수도 있다.

이때 주의할 점은 맨틀이 석면 소재인 만큼 미세 가루를 마시지 않도록 마스크를 쓰고 청소해야 한다는 것이다. 먼지나 그을음은 알코올을 적셔 닦으면 쉽게 없어진다.

전지 랜턴은 사용하지 않고 그대로 방치하면 내부에 건전지액이 흘러 내부가 완전히 망가질 수가 있다. 그러므로 **장기간 보관할 때는 반드시 건전지를 빼 놓는다.**

많은 사람들이 전지 랜턴에 건전지가 들어 있다고 생각하고 캠핑을 떠났다가 건전지가 없어 낭패를 볼 때가 많다. 떠나기 전에 미리 확인해 보고 예비 건전지와 전구를 준비해 만일의 사태에 대비한다.

전력이 소모되는 걸 늦추기 위해 건전지와 전극 사이에 얇은 종이를 끼워 둘 수도 있다. 이 방법은 예비 건전지가 없을 때 좀 더 효율적으로 랜턴을 사용할 수 있는 이점이 있다.

여분의 맨틀을 랜턴 케이스 바닥에 넣어 두는 습관을 들이자.

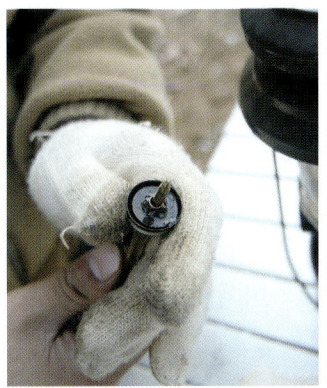
장기간 보관 시 가솔린을 빼 놓지 않으면 고무 패킹이 쉽게 삭고, 찢어질 수 있다.

건전지와 전극 사이에 종이를 끼워 두면 전력 소모를 줄일 수 있다.

버너와 랜턴 밸브 수리

버너와 랜턴 고장은 연료통 내부 공기를 압축하는 펌프 플런저(Plunger)의 고무 패킹에 이상이 있거나, 노즐이 막혀 연료가 제대로 분사되지 않는 경우가 대부분이다.

휘발유 버너와 휘발유 랜턴은 연료통 내부의 공기를 압축시켜야만 점화되는데 버너는 100회 정도, 랜턴은 50회 이상 펌프질을 해 줘야 한다. 이처럼 사용할 때마다 펌프질을 해 주다 보니 펌프 플런저 내부의 고무 패킹이 찢어지거나, 삭아서 펌프질이 안 될 때가 있다. 이때는 연료통에서 펌프 플런저를 덮고 있는 검은색 마개를 돌려 펌프 플런저 부분을 빼내고 안쪽에 있는 고무 패킹을 갈아 준다.

노즐이 막혀 점화가 안 되는 경우도 있다. 점화부의 노즐이 막히는 것은 연료통 내부에 이물질이 끼거나 화이트가솔린이 아닌 일반 가솔린을 사용했기 때문이다. 부품을 분해해 깨끗이 닦아 준다.

펌프의 고무 패킹 교체

1 펌프 플런저에 달린 마개를 돌려 연료통에서 펌프 플런저를 분리한다.

3 새 고무 패킹으로 교체한다.

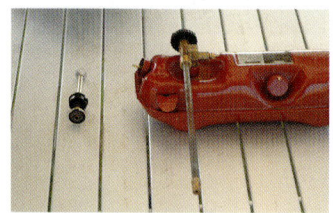

2 펌프 플런저에서 고무 패킹을 분리시킨다.

4 펌프 플런저를 연료통에 연결하고 마개를 돌려 고정시킨다.

▶▶▶ 캠핑 버너 18쪽, 랜턴 30쪽

점화부 수리

1 버너에서 연료통을 떼어 낸다.

4 부드러운 칫솔로 둥근 보조 버너와 다면체를 잘 닦아 준다.

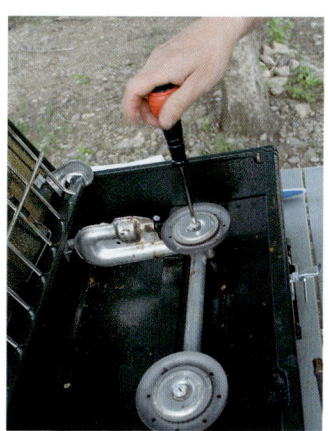

2 나사를 빼고 버너 점화부를 구성하는 둥근 보조 버너를 하나씩 빼낸다.

5 분해한 역순으로 부품을 재조립한다.

3 점화부에 연료를 공급하는 다면체 부분을 분리한다.

6 마지막으로 에어 스프레이로 부품에 있는 먼지를 제거한다.

▶▶▶ 버너 관리 88쪽, 랜턴 관리 90쪽

화로 관리

스테인리스 스틸이 주재료인 화로는 쉽게 녹슬거나 부서지지 않는 장비다. 그래서 관리와 보관이 수월한 편이다. 하지만 물기나 기름기를 완전히 제거하지 않고 보관하면 곰팡이나 녹이 슬 수 있다.

화로 내부에 떨어진 기름기와 재는 토치를 이용해 태워 버린다.

화로는 부식이나 변색이 잘 되지 않는 스테인리스 스틸을 주재료로 사용한다. 하지만 숯이나 장작으로 장시간 불을 피우다 보면 제품의 특성상 화로 상판에 변색이 일어나거나 기름기가 떨어져 그을음이 생길 수 있다. 이때 제대로 관리하지 않는다면 금방 망가지고 만다.

화로를 사용하다 잠을 자기 위해 혹은 보관을 위해 급하게 불을 끌 때가 있는데 이때 숯 위에 물을 뿌리면 화로 형태가 일그러질 수 있다. 또한 뜨거운 화로를 그대로 집어넣을 경우 보관 주머니가 녹거나 변형이 생길 수 있다.

이런 이유 때문에 불 끄기 한 시간 전부터 숯이나 장작을 넣지 말고

화로를 사용하다 보면 상판에 변색이 일어나고 기름기가 떨어져 그을음도 생긴다.

▶▶▶ 화로 32쪽, 화로에 불 피우기 68쪽

서서히 열을 식혀야 한다.

또 화로 위에 직접 고기를 구운 후, 기름을 제거하지 않고 수납하면 다음에 사용할 때 기름이 묻어 나올 수 있고 위생상 좋지 않다.

화로를 보관할 때는 재를 모두 털어 버린 다음, 평면으로 접어 보관 주머니에 넣는다. 특히 화로 내부에 떨어진 기름기와 재는 토치를 이용해 완전히 태워 버리고 휴지나 낙엽 등으로 깨끗이 닦는다.

장기간 사용하지 않을 때는 중성 세제로 남은 재와 기름기를 씻어내고, 물기를 제거한 뒤 보관한다.

화로는 무거운 제품인 만큼 차에 넣을 때도 트렁크 바닥에 깔거나, 뒷좌석 발밑에 놓는 것이 좋다.

화로와 함께 사용하는 그릴과 그릴 브리지에 달라붙은 음식 찌꺼기는 전용 브러시로 제거한다. 그런 다음 중성 세제로 깨끗하게 씻어 서늘한 곳에 보관한다.

다 쓴 숯이나 장작은 땅을 파서 묻는다.

중성 세제로 깨끗이 씻어서 보관한다.

녹이나 묵은 기름때를 제거하려면

화로에 녹이 스는 것을 방지하고 화로 틈새에 있는 묵은 기름때를 제거할 때 녹차를 이용해 보자. 녹차에 기름기를 제거하는 성분이 들어 있기 때문이다. 차를 우려낸 찻잎을 화로에 뿌리고 부드러운 스펀지로 닦으면 된다. 또는 뜨거운 물에 녹차를 우려내고 그 물로 화로를 닦으면 녹스는 것도 방지하고 불쾌한 냄새까지 없앨 수 있다.

코펠 관리

코펠은 물기를 완전히 제거하고 그릇과 그릇 사이에 신문지나 종이를 넣어 습기가 차는 것을 막고 바닥이 긁히지 않도록 하는 것이 기본이다. 또한 직사광선이 닿지 않는 서늘한 곳에 보관한다.

코펠은 캠핑장에서 1차 설거지를 제대로 해야 오래 쓸 수 있다.

알루미늄 코펠은 값싸고 쉽게 구할 수 있어 여전히 많은 사람들이 애용한다. 하지만 음식물이 들러붙거나 탈 경우, 쉽게 떨어지지 않는 것이 단점이다. 청국장이나 김치 냄새가 배면 쉬 사라지지 않고, 소금기를 제대로 닦아 내지 않으면 쉽게 부식된다.

이 때문에 **알루미늄 코펠**은 캠핑장에서 소금기나 물기를 완전히 제거하는 1차 설거지를 한 후, 집에 와서 기름기와 냄새를 없애는 2차 설거지를 한다.

알루미늄 코펠에 붙은 음식 찌꺼기를 없애려면 뜨거운 물에 불린 뒤 주걱으로 가볍게 긁어 낸다. 그런 다음 서늘한 곳에서 말린다. 코펠에 밴 냄새를 없애기 위해 코펠

코펠에 밴 냄새를 없애기 위해 녹차 티백을 넣기도 한다.

안에 녹차 티백을 넣기도 한다.
스테인리스 코펠 역시 오랜 시간 가열하면 음식물이 달라붙는다. 이때는 코펠에 물을 받아 베이킹소다(탄산수소나트륨)를 풀고 20분 정도 끓인 뒤에 수세미로 닦아 주면 된다.

스테인리스 코펠 바닥이 변색됐거나 표면에 그을음이 생겼다면, 코펠에 물을 받아 레몬이나 식초를 넣고 한차례 끓인 다음 세제로 닦

그릇과 그릇 사이에 신문지를 끼워 넣어 습기와 긁힘을 방지한다.

사용 후 물기와 소금기를 꼼꼼히 닦아 내야 한다.

으면 깨끗이 지워진다.
티타늄 코펠은 스테인리스 코펠이나 3중 바닥 코펠보다 바닥이 얇아 음식물이 타거나 달라붙는다. 이런 단점 때문에 티타늄 코펠은 비싸기만 하다고 말하는 캠퍼도 있다.

하지만 티타늄 코펠은 가볍고 단단하며 인체에 해가 없어 해외 원정등반이나 고산등반 시 많이 사용한다. 티타늄 코펠도 다른 코펠처럼 물기를 완전히 제거하고 그릇과 그릇 사이에 신문지를 넣어 보관한다.

밥물이나 찌개가 넘칠 때

밥물이나 찌개가 넘칠 때 가장 좋은 방법은 불을 끄는 것이다. 하지만 아직 덜 익은 밥이나 찌개를 사람들에게 먹일 수는 없다. 이때 젓가락을 사용해 보자.
코펠 양쪽 1/3 지점에 젓가락을 하나씩 놓고 뚜껑을 덮으면 된다. 그다음 불을 살짝 줄이면 불을 끄지 않고도 밥물이나 찌개가 넘치는 것을 막을 수 있다.

더치오븐 관리

더치오븐은 어떻게 보관하고 관리하는가에 따라 제품의 수명이 결정된다. 특히 고열을 내는 더치오븐에 찬물을 붓거나, 충격을 주는 일은 더치오븐의 생명을 끊는 것과 같다. 더치오븐은 주철로 만들어져 습기와 물에 약하기 때문에 물기를 완전히 제거하고 보관해야 한다.

캠핑 요리의 필수품인 더치오븐은 제대로 관리하기가 쉽지 않다.

더치오븐으로 고기나 생선 같은 기름기 많은 음식을 요리하다 보면 바닥에 기름때가 끼거나 탄 음식이 달라붙을 때가 많다. 또한 뚜껑에 차콜 브리켓이나 숯을 얹다 보면 재 부스러기가 붙는 경우도 있다.

그래서 **보관하기 전에 제대로 씻어야 하며 바닥에 들러붙은 음식찌꺼기를 떼어 내고 녹이 슬지 않도록 하는 것이 중요하다.** 일단 더치오븐으로 요리를 했다면 요리한 음식은 바로 꺼내 놓고 뜨거운 물을 부어 바닥에 달라붙은 음식물이나 기름이 녹아내리도록 한다.

어느 정도 시간이 지나면 물을 버리고 다시 오븐에 물을 붓고 한차례 끓인다. 바닥에 달라붙은 음식

더치오븐은 조금만 관리를 소홀히 해도 금방 녹이 슨다.

오븐에 물을 붓고 끓여 냄새와 음식 찌꺼기를 제거한다.

뚜껑과 본체의 마찰을 줄이기 위해 신문지나 나무젓가락을 끼워 둔다.

찌꺼기가 부드러워지면 나무 주걱이나 부드러운 천으로 닦아 낸다. 이때 철 수세미나 세제를 쓰면 시즈닝이 된 기름 막이 벗겨지기 때문에 절대로 사용해서는 안 된다.

바닥에 붙은 음식 찌꺼기를 제거했다면 물로 깨끗이 씻어 내고 물기를 없앤 후, 한 번 더 데워 준다. 데워진 더치오븐의 내외부에 올리브유를 골고루 발라 준다. 일반 식용유나 콩기름을 바른 뒤 장기간 보관하면 산패현상(Rancidity) 탓에 냄새가 날 수 있다. 캠퍼들 중에는 캠핑장에서 간단하게 기름칠을 해 1차 막을 입힌 후, 집에 돌아와 시즈닝 작업을 마무리할 때도 있다.

더치오븐은 항상 전용 케이스에 넣어 운반하고 뚜껑과 본체의 마찰로 더치오븐이 손상되는 것을 막기 위해 신문지나 나무젓가락을 끼워 둔다.

더치오븐은 전용 케이스에 넣은 다음 서늘한 곳에 보관한다. 습기가 차거나 냄새가 배는 것을 막기 위해 오븐 안에 커피나 녹차 티백을 넣어 주면 좋다.

더치오븐 바닥에 포일을 깔자

더치오븐이 무쇠 냄비라고 한다면 스킬렛은 무쇠로 만든 프라이팬이다. 스킬렛이나 더치오븐의 문제는 바닥에 음식 찌꺼기나 기름이 타서 달라붙는 것이다. 이것을 예방하려면 오븐 바닥에 포일을 깐 뒤, 그 위에 플레이트를 올려놓고 조리하면 된다. 조리 후에는 기름이 떨어진 포일만 걷어 내면 된다.

더치오븐 시즈닝

더치오븐은 우리네 무쇠 솥과 원리가 비슷한 조리도구다. '오븐'이란 단어가 의미하듯이 밥과 국은 물론이고, 찌개, 훈제, 구이, 피자, 빵 등 다양한 요리를 할 수 있다. 이런 만능 조리도구인 더치오븐을 사용하기 위해선 먼저 시즈닝(Seasoning) 과정을 거쳐야 한다.

시즈닝 순서

1 뜨거운 물로 오븐을 깨끗하게 씻은 뒤, 약한불로 물기를 완전히 날려 버린다.

4 1~3번까지의 과정을 3회 이상 반복한 뒤 그늘에서 더치오븐을 식힌다.

2 키친타월이나 휴지에 올리브유를 묻혀 오븐의 구석구석을 잘 닦아 준다. 뚜껑도 잘 닦아 준다.

5 식힌 더치오븐에 다시 올리브유를 두르고 파와 양배추 같은 향이 강한 채소를 넣고 볶는다. 이 과정을 통해 오븐에 남은 기름 탄 냄새가 제거된다.

3 기름칠을 한 더치오븐을 가열하여 기름을 태운다.

6 기름 탄 냄새가 나지 않을 때까지 서너 차례 채소를 넣고 볶는다.

시즈닝이 귀찮고 부담스러운 초보 캠퍼를 위해 시즈닝이 된 상태로 나오는 더치오븐도 있다. 이런 더치오븐은 뜨거운 물로 헹구고 깨끗하게 말려서 사용하면 된다. 단, 안팎을 철저하게 건조시켜야 한다. 요리하기 전에 가열하여 올리브유를 더치오븐(뚜껑 포함) 안팎에 골고루 바른 뒤 사용한다.

참고로 더치오븐은 주철로 만든 튼튼한 제품이지만 의외로 충격에 약하다. 이는 주철이란 소재가 본래 많은 공기구멍을 가지고 있는 재료이기 때문이다. 따라서 뜨겁게 달군 더치오븐에 찬물을 부으면 쉽게 금이 간다.

더치오븐의 종류

더치오븐은 크게 캠프 더치오븐과 키친 더치오븐으로 나눈다. 미국 서부 개척시대에 야외에서 쓰기 편리하도록 만든 무쇠냄비가 바로 캠프 더치오븐이다. 이 냄비는 윗불을 쓸 수 있어 아웃도어에서 오븐 요리할 때 꼭 필요한 장비다. 바닥에 3개의 다리가 붙어 있는 것이 특징이다.

키친 더치오븐은 16세기경 미국에서 사용하기 시작한 더치오븐이다. 더치오븐의 원형이 가장 잘 남아 있으며 장소에 구애받지 않고 사용할 수 있다. 특히 바닥이 평평해서 가스레인지에서도 편리하게 쓸 수 있다.

캠프 더치오븐(왼쪽)과 키친 더치오븐

시즈닝이란

'익힘, 길들임'을 뜻하는 시즈닝은 더치오븐에 녹이 스는 것을 막기 위해 미리 기름칠을 해 두는 것을 말한다. 이 기름 코팅 막 덕분에 음식물이 달라붙지 않는다. 또한 주철의 최고 약점인 물에 의해 녹이 스는 것도 방지할 수 있다. 다만 시즈닝은 한 번으로 끝나는 것이 아니고 설거지를 한 뒤에는 매번 다시 해 줘야 한다는 점을 명심해야 한다.

불 피우기

방법1

1 굵기가 1~2cm인 마른 나뭇가지와 삼목, 노송나무 토막을 준비한다.

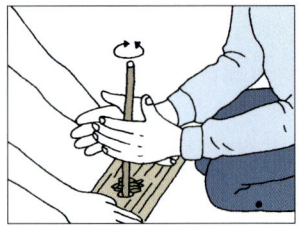

2 나뭇가지 끝을 뾰족하게 만들어 나무토막 위에 놓고 송곳을 돌리듯 손으로 비빈다.

3 처음에는 손도 아프고 힘들지만 몇 번 해 보면 요령을 알 수 있다.

방법2

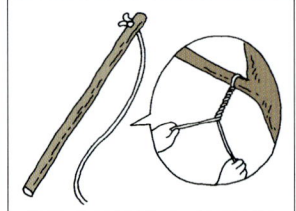

1 적당히 굵은 막대기 양쪽 끝에 구멍을 내고 줄을 고정한다. 줄이 가늘 때는 몇 개를 꼬아 하나로 만든다(직경 5mm 이상).

2 그림처럼 또 다른 막대기에 겨우 감을 수 있을 만큼 줄을 팽팽하게 한다. 손이 아플 수 있으므로 가는 대나무를 잘라서 막대기 끝에 붙인다.

3 삼목이나 노송나무 토막에 불이 붙기 쉬운 마른 잎이나 풀을 두고 그림을 참조하여 불을 피워 본다.

제4장
위험에 대처한다

독성 식물 · 104
벌에 쏘였을 때 · 106
뱀에 물렸을 때 · 107
눈이나 귀에 벌레가 들어갔을 때 · 108
강풍이 불 때 · 109
겨울철 안전사고 · 110
벼락이 칠 때 · 112
골절 · 113
화상 · 114
찰과상과 절상 · 115
LNT 프로그램 · 116

독성 식물

캠핑장 근처 산이나 숲에는 사람이 먹을 수 있는 식물(열매)도 많지만 잘못 먹을 경우 생명을 위협하는 독성 식물도 많다. 정확히 알고 있는 식물이 아니라면 함부로 먹어서는 안 된다.

만병초
잎은 진한 초록색을 띠고 광택이 있으며 높이는 4m 정도이다. 7월에 흰색이나 분홍색 꽃이 핀다.

화경버섯
너도밤나무에 군생하며 자루를 쪼개면 내부에 검은 반점이 보인다. 밤에 인광(燐光)을 낸다.

독우산광대버섯
갓은 작은 달걀 모양이며 표면은 흰색이다. 복용 후 6~8시간 지나면 구토, 설사, 복통이 시작된다.

캠핑장 주변에는 소나무, 잣나무, 철쭉, 진달래 등 우리에게 친숙한 꽃과 나무들이 주종을 이룬다.

봄에 피는 진달래는 참꽃이라고 해서 예전부터 꽃잎을 따 떡을 해 먹거나 술을 담그곤 했다. 특히 기관지염이나 감기로 인한 두통에 효과가 있다고 하여 예부터 꽃을 꺾는 이들이 많았다. 피톤치드 향이 일품인 소나무 역시 솔잎이 뇌졸중과 고혈압에 좋은 약재라고 해서 채취하는 캠퍼들이 있다.

물론 이처럼 좋은 약재가 되는 식물들만 있는 것은 아니다. 소나무나 진달래처럼 주변에서 쉽게 볼 수 있지만 줄기와 잎에 독을 품은 천남성, 선운산에 군락을 이룬 꽃무릇(석산) 같은 독초도 있다.

야외에서 잘 모르는 식물의 잎이나 열매는 절대로 먹지 말아야 한다. 설사 먹을 수 있는 식물이라도 바로 먹지 말고 반드시 물에 씻어서 먹어야 한다.

주로 사람들이 독버섯을 식용 버섯으로 잘못 알고 먹는 경우가 많

독성 식물

투구꽃
높이는 1m 정도이며 8~9월에 줄기 끝에서 투구 모양의 보라색 꽃이 핀다.

애기똥풀
50cm 높이에 5~8월에 노란색 꽃이 핀다. 꽃잎은 4장이며 꽃받침은 2장이다.

때죽나무
높이는 10m 정도이며 꽃은 초롱 모양이다. 가지에 별 모양의 털이 있고 잎 가장자리에 톱니가 있다.

옻나무
전국에 분포하고 높이는 7~10m이다. 9~11장의 작은 잎이 마주 붙는 깃꼴겹잎이며 열매는 밑으로 쳐진다.

협죽도
높이는 3m 정도, 제주와 남부지역에 분포하며 7~8월에 흰색이나 분홍색 꽃이 핀다.

복수초
높이는 25~30cm이며 4월에 노란색 꽃이 핀다. 20~30개의 꽃잎이 수평으로 퍼진다.

은데 버섯은 종류도 다양하고 워낙 모양이 엇비슷해 일반인은 쉽게 구분할 수 없다. 가급적 야생에서 자란 버섯은 먹지 않아야 한다. 만일 일행 중 누군가가 독버섯을 먹었다면 그 자리에서 손가락을 넣어 강제로 토하게 한다. 대처가 늦어 독버섯에 의한 중독 증상이 나타나더라도 먼저 위에 있는 모든 내용물을 토하게 하는 것이 우선이다. 그런 다음 병원으로 데려간다. 이때 먹었던 독버섯을 가져가면 원인을 쉽게 찾을 수 있어 치료에 도움이 된다.

벌에 쏘였을 때

캠핑을 하다 보면 독을 품은 생물에게 위협을 받을 때가 있다. 제2의 에이즈라고 불리는 라임병이나 쓰쓰가무시병을 옮기는 진드기, 뱀, 독충 등이 있다. 야외에서는 벌에게 쏘이는 일이 잦은 편이다.

성묘객이 벌집을 건드려 벌에 쏘인 뉴스를 가끔 보게 된다. 만약 이런 상황에서 장수말벌에게 쏘이면 치명적이다. 이 벌은 여느 꿀벌과 달리 여러 번 침을 쏠 수 있어 벌 독에 알레르기가 있는 사람은 아나필락시스 쇼크(Anaphylaxis Shock)로 사망할 수도 있다.

일단 쏘이면 상처 부위에 열이 나고 부어오르며 온몸이 떨리고 구역질이 나기 시작한다. 이어 설사와 쇼크 증세를 보이는데 재빨리 병원을 찾아 치료를 받아야 한다.

벌에게 공격당하지 않으려면 검은색이나 진한 색깔의 옷을 피하고, 향수나 스프레이를 사용하지 않는다. 벌이 사람을 공격하는 이유는 자신의 집을 지키기 위해서다. 벌들이 주변을 돌며 위협할 때는 재빨리 그 자리를 피해야 한다.

만약 벌에게 공격을 받으면 탁 트인 곳보다 숲이나 저지대로 도망쳐야 한다. 팔이나 손수건으로 벌을 잡으려 할 경우, 벌은 자신을 공격하는 것으로 알고 더욱 맹렬히 공격한다. 평소 벌레 퇴치 스프레이를 가지고 다닌다면 몸을 최대한 낮춘 상태에서 스프레이를 뿌린다.

벌에게 공격을 받으면 탁 트인 곳보다 숲이나 저지대로 도망친다.

벌에 쏘였으면 손톱으로 침을 빼내고 상처를 짜내 흐르는 물에 깨끗하게 씻는다. 그다음 항히스타민제가 들어간 스테로이드 연고를 바른다.

독충이나 쐐기에 쏘였을 때도 절대 긁지 말고 흐르는 물에 씻은 뒤 스테로이드 연고를 바른다.

뱀에 물렸을 때

비단 캠핑장뿐만 아니라 봄부터 가을까지 전국 곳곳에서 뱀에 물리는 사고가 빈번히 발생한다. 특히 산자락 아래 있는 캠핑장을 이용하는 캠퍼들은 본인뿐만 아니라 동행한 아이들이 뱀에 물리지 않도록 각별히 신경 써야 한다.

근처에 숲이나 산이 있는 캠핑장에는 봄부터 가을까지 수시로 뱀이 출몰한다. 특히 몸 색깔이 갈색이나 회색을 띠고 엽전 모양의 갈색 반점이 있는 살모사는 맹독을 가진 뱀이다. 살모사 중에서도 잿빛을 띤 노란색 몸에 정수리 부분에 V자 무늬가 있는 까치살모사는 신경 독을 가진 뱀으로 물리면 치명적이다. 물리면 이빨 자국 두 개가 선명히 나타난다.

뱀에 물리면 심장에 가까운 쪽으로 지혈대를 묶어 준다.

녹색 바탕에 붉은색과 검은색 점이 어우러진 유혈목이는 무늬가 특이해 단번에 알아볼 수 있다. 유혈목이는 여타 살모사와 달리 이빨 자국이 남지 않는다.

뱀에 물리는 이유는 대부분 뱀을 모르고 밟았거나 잡으려고 했기 때문이다. 어떤 뱀이든 자신이 위험하다고 느끼면 공격하기 마련이다. 따라서 **뱀을 만나면 뱀이 지나갈 때까지 가만히 있거나 멀리 돌아가야 한다.** 신발도 발목까지 올라오는 등산화를 신어야 한다.

예전에는 뱀에 물렸을 때 15분 이내에 독을 빨아 내면 효과가 있다고 했지만 사실 이런 행위가 더 위험하다. 입안에 상처가 있거나, 충치가 있는 사람은 상처 부위로 독이 침투할 수 있기 때문이다.

뱀에 물리면 우선 독이 전신으로 퍼지는 것을 막기 위해 심장에 가까운 쪽으로 지혈대를 묶어 준다. 그다음 물린 부위를 부목으로 고정하고 심장보다 낮게 위치시킨다. **119에 신고하거나 가까운 병원으로 최대한 빨리 간다.**

눈이나 귀에 벌레가 들어갔을 때

여름에 캠핑을 즐기다 보면 눈이나 귀에 벌레가 들어가곤 한다. 이런 경우는 어른보다 아이들이 더 문제다. 아이들은 반사적으로 눈을 비비기 마련인데 자칫 잘못하면 상처가 나거나 2차 감염으로 이어질 수 있다. 부모가 적절히 통제해 줘야 한다.

아이들은 눈에 뭐가 들어가면 반사적으로 눈을 비빈다. 부모가 적절히 통제해 준다.

귓속에 벌레가 들어가면 손전등 불빛을 귀에 비춘다.

여름밤에는 온갖 날벌레가 날아다니기 마련인데 간혹 귀에 벌레가 들어갈 때가 있다. 괜히 손가락이나 성냥개비로 꺼내려 해 봐야 벌레는 더욱 깊숙이 들어갈 뿐이다. 이럴 때는 손전등 불빛을 귓속에 비춰 주면 된다. 벌레는 언제나 밝은 빛이 있는 쪽으로 나오기 때문이다.

눈에도 하루살이 같은 벌레가 들어가면 무턱대고 손으로 비비지 않는다. 양손으로 아래위 눈꺼풀을 벌려서 눈을 깜박이지 않고 눈물이 날 때까지 참아야 한다. 그래도 안 되면 컵에 물을 가득 담아 물속에서 눈을 깜빡거려 본다.

콘택트렌즈를 끼고 있다면 더 아플 수 있기 때문에 우선 렌즈부터 뺀다. 그리고 비상용으로 식염수를 필히 준비한다.

수영하다가 귀에 물이 들어갈 때도 많은데 이때는 물이 들어간 귀를 밑으로 해서 같은 쪽 다리로 땅을 구르며 뛴다. 햇볕에 달궈진 돌을 귀에 대고 머리를 이리저리 흔들어 보는 것도 효과가 있다.

강풍이 불 때

강풍이 불 때 텐트를 치거나 걷다 보면 텐트가 찢어지거나 날아갈 수 있다. 이럴 때는 텐트 높이를 최대한 낮춘 상태에서 텐트를 치거나 걷어야 한다. 만약 강풍이 쉬 그칠 것 같지 않으면 텐트를 치지 말고 가까운 숙박 시설로 가는 것도 고려해 보자.

사방이 뚫린 드넓은 캠핑장은 겨울이면 바람에 취약한 공간이 된다. 수시로 강풍이 부는 이런 곳에서는 캠핑 장비를 설치하고 회수하는 일이 만만치 않다.

강풍이 불 때 텐트를 치게 된다면 폴을 세우기에 앞서 텐트를 고정해 줘야 한다. 텐트 칠 곳을 정했으면 텐트를 넓게 펼친 뒤, 중앙의 메인 폴을 텐트에 끼워 주는 웨빙 고리에 펙을 박아 텐트를 고정한다. 이어 메인 폴을 웨빙 고리에 걸고 폴 슬리브에 폴을 통과시켜 중앙 축을 연결했으면 반대편 웨빙 고리에도 걸어 준 뒤 펙을 박아 바람에 날아가지 않도록 한다.

중앙 폴을 고정했으면 측면의 사이드 폴을 웨빙 고리에 걸고 폴을 끼우는 폴 슬리브를 통과시켜 반대편 웨빙 고리에 걸어 펙으로 고정한다. 이어 나머지 측면 폴도 고정한다.

폴이 단단하다고 해도 강풍을 계속 맞다 보면 형태가 휘거나 부러질 수 있다. 이럴 때는 **방풍림이나**

강풍이 불 때 자동차는 훌륭한 바람막이가 된다.

자동차를 바람막이로 활용한다.
특히 자동차는 자유롭게 위치를 바꿀 수 있어 훌륭한 바람막이가 된다.

강풍이 불 때 텐트를 걷으려면 펙을 뽑기 전에 텐트 높이부터 낮춰야 한다. 무턱대고 펙을 뽑아 버리면 강풍에 텐트가 이리저리 날아다니게 된다. 텐트 모퉁이에 달린 웨빙 고리에서 폴을 분리한 후, 메인 폴의 상단 부분을 꺾어 높이를 낮춘다. 그런 다음 텐트의 사이드 폴을 먼저 회수하고 메인 폴의 남은 부분도 마저 회수한다.

▶▶▶ 캠핑 사이트 선정 50쪽, 텐트 치기 전 유의사항 52쪽

제4장 위험에 대처한다

겨울철 안전사고

가스 버너, 화로, 전기담요, 가스히터 등은 겨울철 캠핑에 꼭 필요한 장비지만 늘 화재의 위험성을 안고 있다. 또한 춥다고 텐트 안에 화로를 피우고 환기구까지 막고 잔다면 일산화탄소로 인해 질식사할 수도 있다.

화로와 캠핑 버너 같은 장비는 늘 화재의 위험성을 안고 있다.

캠퍼들이 가지고 다니는 버너, 랜턴, 화로 등은 잘 쓰면 캠핑을 윤택하게 해 주지만 자칫 잘못하면 화재의 원인이 될 수도 있다. 만약 텐트와 타프, 침낭 같은 가연성 장비에 불이 붙으면 순식간에 사이트가 불길에 휩싸인다.

그래서 **겨울철 캠핑에 화재 예방은 필수다.** 화로 주변에는 늘 물을 뿌려 주고 만약의 사태를 위해 소화기도 구비한다. 또한 버너에 불을 붙이기 전에 항시 텐트 안을 환기시키고 연료통에서 연료가 세지 않는지 확인한다.

만약 버너나 랜턴에 불이 붙었다면 코펠로 덮어서 끄고, 텐트 바닥에 흘린 연료에 불이 붙었다면 흙으로 덮어 끈다. 불길이 거세져 수습이 안 될 때는 텐트를 찢고서라도 밖으로 대피해야 한다. 평소 안전을 위해 겨울에도 버너와 랜턴은 밖에서 불을 붙여 텐트 안으로 가져가는 습관을 들여야 한다.

겨울철 캠핑은 추위와의 전쟁인

만큼 추위를 피하기 위해 다양한 화기를 사용한다. 미스터히터에서 나온 부엉이 2구로 불리는 가스히터를 비롯해 화로, 화목난로, 보일러 시스템 등 매년 신제품이 나오고 있다.

하지만 이런 장비들은 강한 열을 발산하기 때문에 화상을 입을 수 있고 밀폐 공간에 둘 경우 질식사의 위험성이 높다. 그렇기 때문에 **취침 전에 반드시 화기를 밖에 내놓고 환기를 시킨 뒤 자야 한다.**

최근 들어 겨울에 춥다고 텐트 안에 화로를 피워 놓고 자다가 일산화탄소 탓에 질식사하는 사고가 늘고 있다. 이럴 때는 방풍, 방수 기능이 뛰어난 텐트가 도리어 사고를 부채질한다. 텐트에는 대부분 환기구가 달려 있는데 춥다고 이것까지 막아 버릴 경우, 텐트 안은 완전 밀폐 공간이 돼 버리기 때문이다.

일산화탄소 중독 초기 증상은 쉽게 알 수 없지만 안면 홍조와 더불어 머리가 무거워지고 멍해진다면 일단 의심해 봐야 한다. 몸을 움직이면 숨이 차고 호흡이 가빠지면 즉시 텐트 밖으로 나와야 한다.

실내가 일산화탄소로 가득 차면 라이터를 켰을 때 불이 제대로 붙지 않으므로 참고하도록 하자.

겨울에 텐트 안에 화로를 피워 놓고 자면 큰 사고로 이어질 수 있다.

불길이 거세져 수습이 안 될 때는 텐트를 찢고서라도 밖으로 대피해야 한다.

벼락이 칠 때

장마철에 캠핑을 하다 보면 벼락이 칠 때가 있는데 이때 누구나 긴장하게 된다. 보통 벼락은 높은 산에 있는 나무나 고층 건물에 떨어지기 때문에 캠퍼들에게 큰 위험은 안 되지만 텐트 주위에 금속성 장비가 많은 만큼 주의할 필요가 있다.

벼락이 칠 것 같은 생각이 들면 기본적으로 높은 곳에서 빨리 내려와야 하고 주변에 있는 쇠붙이에서 멀리 떨어져야 한다. 사람이 벼락을 직접 맞을 확률은 희박하지만 지면을 타고 흐르는 지전류에 의해 부상이나 사망에 이를 수 있다.

벼락이 칠 때 텐트 안에 있으면 안전하다고 생각하는 캠퍼들이 많은데 절대 그렇지 않다. 텐트 안에 전기가 흐르는 도체가 있을 수 있고, 무엇보다 지전류에 감전될 수 있기 때문이다. 따라서 텐트 안에 있더라도 지전류를 피하기 위해 바닥에 매트리스나 배낭을 깔고 있어야 한다. 텐트 안보다는 자동차 안이 더 안전하다.

폭우 시 큰 나무 밑에 텐트를 치는 일은 아주 위험하다. 벼락이 높은 나뭇가지에 떨어지는 경우가 많기 때문이다. 벼락에 맞은 나무가 쓰러지며 텐트를 덮칠 수 있고 지전류에 감전될 수도 있다. 어쩔 수 없이 텐트를 쳐야 한다면 나무줄

벼락이 칠 때 텐트 안보다는 자동차 안이 더 안전하다.

기나 가지 끝에서 2m 이상 떨어져 나무 위쪽을 45도로 올려다볼 수 있는 자리에 치도록 한다.

벼락에 맞아 심장을 관통당하면 심장마비로 죽게 된다. 다행히 몸의 일부분에 맞았다면 티셔츠나 배낭을 타고 전류가 빠져나가 살 수도 있다. 그러나 몸 여기저기에 화상을 입기 마련이다. 화상 부위를 젖은 수건 등으로 식혀 준 뒤 세균 감염을 막기 위해 거즈를 대고 신속하게 병원으로 이동한다.

골절

캠핑장에서 발을 헛디디거나 미끄러져 넘어질 때가 있다. 특히 한밤중이나 아이들이라면 자칫 뼈가 부러지는 중상을 입을 수 있다. 골절이 되면 극심한 통증 때문에 참기 어려울 정도로 아프다.

골절 환자가 나오면 우선 골절된 부분을 심장 위치보다 높이고 옆으로 눕힌다. 이렇게 해야 내출혈이 있을 때 피가 적게 나오고 부기도 덜하기 때문이다. **환자를 안정시킨 다음에는 골절 부위를 차갑게 해 준다.** 골절 부위가 감각을 잃을 때까지 계속해야 하는데 절대 주물러서는 안 된다.

부목으로 활용할 만한 것을 잘 찾아보자.

다음은 골절 부위를 고정시키기 위해 부목을 댄다. 부목으로 쓸 수 있는 긴 나뭇가지, 널빤지, 우산, 단단하게 만 신문지 등으로 부목을 대신한다.

골절 부위에 따라 부목 대는 방법도 다르다. 팔 아랫부분이 골절됐을 때는 팔목을 팔꿈치보다 높게 만들어 부목을 대야 하고, 팔 윗부분이 골절됐을 때는 팔을 가슴에 고정시키고 부목을 대야 한다.

골절 부위가 대퇴골이라면 허리까지 붕대를 감아 다리를 고정시켜야 하고, 무릎이라면 부목을 대면서 무릎 밑에 헝겊을 뭉쳐 넣어 통증을 덜어 준다. 만약 산길을 걷다가 발목을 삐었다면 신발을 신은 채로 발목을 고정시키는 것이 걷는 데 도움이 된다.

다리 골절 환자는 스스로 이동이 어렵기 때문에 들것이 필요하다. 겨울이라면 스웨터 같은 두꺼운 옷을 막대기에 꿰서 임시 들것을 만들면 된다.

꼭 골절이 아니더라도 삐거나 염좌, 탈구가 될 수 있다. 어깨나 팔꿈치가 탈구됐다면 붕대로 어깨에 걸면 된다.

응급 상황이 발생했는데 붕대가 없다면 스카프, 팬티스타킹을 활용한다. 특히 팬티스타킹은 잘 늘어나기 때문에 붕대 역할을 톡톡히 한다.

화상

주로 야외에서 요리를 하다가 끓는 기름이나 더운물, 불에 데어 화상을 입는다. 화상을 입으면 가까운 수돗가로 뛰어가 찬물을 틀고 상처 부위를 차게 해 줘야 한다. 쓰라린 기운이 가실 때까지 충분히 식혀야 한다.

화로, 버너, 난로 등 캠핑 장비 중에 불을 사용하는 것이 많아 방심하다 보면 한순간에 화상을 입을 수 있다.

화상은 증상에 따라 크게 세 단계로 구분한다. **1도 화상**은 피부가 발갛게 되고 피부 표면(표피)만 손상된다. 피부가 따끔따끔거릴 뿐 거의 상처가 남지 않는다. 일광욕을 즐기다 입는 화상이 1도 화상이며 보통 2~3일이 지나면 자연스럽게 회복된다.

2도 화상은 표피뿐만 아니라 진피까지 화상을 입어 피부 표면에 물집이 생기고 짓무른다. 2도 화상은 피부가 회복되는 데 최소 1주일 이상이 소요된다. 피하조직까지 화상을 입는 것이 3도 화상이다. **3도 화상**은 화상 부위가 괴사하고 피부색이 하얗게 변한다. 신경조직이 손상됐기 때문에 별다른 통증을 못 느낀다.

응급처치는 흐르는 물에 화상 부위를 대고 최대한 빨리 식히는 것이다. 겨울철 물이 없는 곳이라면 눈을 이용해도 좋다. 냉각 시간은 최소 20~30분이며 이후 세균에 감염되지 않도록 환부를 감싼다. 화상 부위는 시간이 지나면 물집이 생기는데 절대 터트려서는 안 된다.

간장은 환부를 더욱 악화시킨다

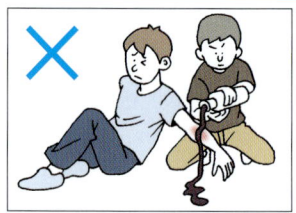

옛날 시골 어른들은 아이가 화상을 입으면 간장을 발라 주곤 했는데 이것은 열의 발산을 막을 뿐만 아니라 오히려 세균 감염을 촉진하는 결과를 낳는다. 화상의 응급처치는 흐르는 물에 장시간 식히는 것이 최선이다.

찰과상과 절상

캠핑장에서 화상 다음으로 흔한 부상이 찰과상과 절상이다. 찰과상은 넘어져서 피부의 표면이 벗겨진 부상을 말하며 절상은 유리나 칼에 베이는 것이다. 2가지 모두 흐르는 물에 환부를 씻고 소독약으로 소독하는 것이 기본이다.

찰과상은 캠핑장에서뿐만 아니라 아이들이 있는 집이라면 1년에 한두 차례 이상 겪게 된다. 찰과상은 말 그대로 마찰로 인해 피부 표면이 벗겨지는 것이다. 무릎이나 팔꿈치, 얼굴 같은 부위에 많이 발생하며, 술 취한 캠퍼나 주의가 산만한 아이들이 부상을 당하는 경우가 대부분이다.

찰과상을 입으면 상처 부위를 깨끗한 물로 씻어 낸다. 그런 다음 소독약으로 상처 부위를 소독하고 피가 날 때는 거즈로 상처 부위를 압박해 지혈한다. 특히 여름철이나 날씨가 습할 때는 세균 감염에 신경을 써야 한다.

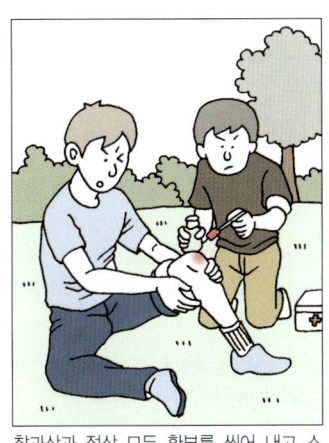

찰과상과 절상 모두 환부를 씻어 내고 소독약으로 소독하는 것이 기본이다.

절상 사고는 대부분 피가 나기 때문에 먼저 감염을 막고 압박해서 지혈시키는 것이 관건이다. 사고가 나면 우선 칼에 베인 환부의 상태를 확인한다. 환부에 더러운 이물질이 묻어 있으면 수돗물이나 생수로 깨끗이 씻은 다음 소독약을 발라 준다. 그런 다음 상처 부위에 반창고나 거즈를 붙여 부드럽게 압박해 지혈한다. 상처 부위가 깊어 피가 계속 새어나오면 거즈 위에 다른 거즈를 덧대 지혈한다. 어느 정도 지혈이 됐다고 판단되면 붕대를 감아 준다.

찰과상과 절상 모두 가볍게 봐서는 안 된다. 정도가 심하다고 판단되면 지체 말고 병원으로 달려가야 한다.

LNT 프로그램

LNT(Leave No Trace) 사이트 (www.lnt.org)에서 제시하는 '흔적 남기지 않기 7가지 수칙'에 대해 살펴보자.

1. 사전에 계획하고 준비하라
(Plan Ahead and Prepare)
캠핑은 장소가 정해져 있는 만큼 출발하기 전에 해당 장소에 대한 규칙과 지켜야 할 특이사항 등을 점검한다. 또한 쓰레기를 최소화하기 위해 음식물은 먹을 만큼만 준비한다.

2. 쓰레기는 확실히 처리하라
(Dispose of Waste Properly)
가지고 온 것은 모두 되가져가는 것이 원칙이다. 한 사람이 쓰레기를 쌓아 두기 시작하면 하루도 안 돼 그 양은 엄청나게 늘어난다. 쓰레기와 음식물 찌꺼기는 모두 회수한다. 캠핑장에 쓰레기 수거함이 없다면 서너 개의 비닐봉지에 나눠 담아 분리수거한다.

3. 그대로 보존하라
(Leave What You Find)
자신의 취미생활을 위해 꽃을 꺾거나 야생화를 송두리째 캐 가는 캠퍼들이 더러 있다. 예쁜 돌이나 꽃, 나무 등은 자연 상태 그대로일 때가 가장 아름다운 법이다. 야생화는 집에 옮겨 심으면 환경이 변해서 곧 죽게 된다.

4. 지정된 탐방로와 야영장을 이용하라
(Travel and Camp on Durable Surfaces)
캠핑은 가급적 지정 구역 내에서 한다. 또한 식수원을 보호하기 위해 호수나 계곡에서 60m 이내에서는 야영을 하지 않는다.

5. 캠프파이어는 최소화하라
(Minimize Campfire Impacts)
모닥불은 허가된 곳에서만 피운다. 또한 지면의 피해를 줄이기 위해 화로나 바비큐 그릴을 이용한다. 차콜 브리켓이나 숯은 완전히 연소시키고 철저히 재를 정리한다. 숯은 재사용이 가능한 만큼 식었다가 다음 캠핑 때 사용한다.

6. 야생 동물을 존중하라
(Respect Wildlife)
음식물은 야생 동물의 접근을 유도하며 이것 때문에 위험한 상황에 빠질 수 있다. 음식물은 쿨러에 보관하여 동물의 접근을 원천 봉쇄한다. 동물을 가엽게 여겨 음식을 주는 행동은 이들의 야생성을 잃게 만들 수 있음으로 자제한다.

7. 다른 캠퍼들을 배려하라
(Be Considerate of Other Visitors)
다른 캠퍼들을 존중하고 서로 좋은 경험이 되도록 배려한다. 산에서는 서로 길을 양보하고, 캠핑장에서는 밤새도록 소란을 피우거나 폭음하지 않는다. 다른 캠퍼의 사생활도 보장해 줘야 한다.

부록

추천 오토캠핑장 23 · 118
찾아보기 · 127

추천 오토캠핑장 23

오토캠핑장 관련 정보는 캠핑장 사정에 따라 변동될 수 있다.
출발 전에 전화나 인터넷으로 확인해 본다.

【주】주소 【연】연락처 【홈】홈페이지 주소 【찾】찾아가는 길 【시】주요 시설 【이】이용료 【볼】주변 볼거리

계곡 >>>

무릉계곡야영장

무릉계곡 들머리에 위치한 야영장은 두 곳으로 나눈다. 제1야영장은 오토캠핑에 적합한 곳이며, 제2야영장은 솔숲에 둘러싸여 아늑한 분위기가 일품인 곳으로 가족들과의 캠핑에 좋다. 다만 겨울철에는 사용할 수 없고 제2야영장에서 화로 사용을 규제한다는 것이 단점이다.

【주】강원도 동해시 삼화동 859-1
【연】033-534-7306~7
【홈】없음
【찾】서울→외곽순환도로→하남TC→중앙고속도로→호법TC→영동고속도로→동해IC→7번국도→효가사거리→42번국도→삼화삼거리→무릉계곡야영장
【시】텐트 100여 동, 화장실, 취사장, 전기 사용 불가
【이】입장료 600~1,500원, 야영료 4,000~6,000원, 주차료 2,000원
【볼】봉래 양사헌의 글씨가 새겨진 무릉반석과 쌍폭, 신라 때 창건됐다는 삼화사가 볼 만하다. 또 촛대바위 위로 떠오르는 동해의 일출을 감상해도 좋다.

방화동가족휴가촌

방화동계곡에 자리한 방화동가족휴가촌은 인근의 자연휴양림과 연계해 삼림욕과 휴식을 취하기 좋은 곳이다. 하루 1만 원에 야영 데크를 빌릴 수 있으며 샤워장과 화장실, 취사장 등의 시설이 갖춰져 있다. 여름철에는 계곡에서 물놀이를 즐길 수 있으며 전기나 화로도 자유롭게 사용할 수 있다.

【주】전북 장수군 번암면 사암리 625
【연】063-353-0855
【홈】www.jangsuhuyang.kr
【찾】서울→경부고속도로→중부고속도로→장수IC→19번국도→계남→장수→19번·13번국도→개정삼거리→8번군도→당재터널→방화동가족휴양촌
【시】텐트 200여 동, 화장실, 취사장, 샤워장, 물놀이장
【이】입장료 1,000~2,000원, 대형텐트 1만 원, 소형텐트 5,000원
【볼】장수 시내에 있는 의암사는 의녀 논개를 모신 사당이다. 계남면 장안리의 장안문화예술촌에서 전통 문화예술 체험과 문화 행사를 관람할 수 있다.

빙계계곡오토캠프장

빙계계곡오토캠프장은 찬 기운이 솟아난다는 빙혈과 풍혈이 있는 곳이다. 텐트 사이트가 구획되어 있으며 화장실과 취사장, 어린이놀이터 등의 시설이 갖춰져 있다. 릴

선을 이용해 전기를 끌어다 쓸 수 있으며 화로나 바비큐그릴도 사용할 수 있다. 입장료만 내면 주차료, 야영료 등은 무료다.

【주】경북 의성군 춘산면 빙계2리
【연】054-834-4801
【홈】없음
【찾】서울→경부고속도로→중앙고속도로→의성IC→5번국도→군위→동부사거리→927번지방도→청로교사거리→68번지방도→가음→빙계계곡오토캠프장
【시】텐트 40여 동, 화장실, 취사장, 어린이 놀이터
【이】입장료 500~1,000원
【볼】캠핑장 인근에 있는 대흥사에 보물 제375호 빙산사지 5층석탑이 있다. 운치 있는 물레방아도 둘러볼 만하다.

소선암오토캠핑장

2008년에 문을 연 오토캠핑장이다. 근방에 소선암자연휴양림도 있다. 단양군이 수십억 원의 군비를 들여 만든 이 캠핑장은 캠핑카 전용 사이트도 갖추고 있다. 캠핑장 옆으로 맑은 물을 자랑하는 단양천이 흘러 여름철 피서지로 인기가 높다. 각 사이트마다 전기 콘센트와 원목 테이블이 마련되어 있다.

【주】충북 단양군 단성면 상반리 290
【연】043-423-0599
【홈】www.dytmc.or.kr(초기 화면에서 '관광휴양' 메뉴→'소선암오토캠핑장' 클릭)
【찾】서울→외곽순환도로→하남분기점→중부고속도로→호법분기점→영동고속도로→만종분기점→중앙고속도로→단양IC→36·5번국도→대강→북하삼거리→59번국도→소선암오토캠핑장
【시】텐트 40~50동, 샤워장, 취사장, 화장실, 전기 사용 가능
【이】야영료 1만 1,000원, 전기료 3,000원
【볼】충주호, 도담삼봉, 방곡리 도요지, 단양유황온천 등 볼거리와 즐길거리가 가득하다.

솔밭캠프장

5대 적멸보궁 중 하나인 법흥사 들머리에 자리한 솔밭캠프장은 50년 이상 된 소나무가 그늘을 제공하고, 캠핑장 옆으로 1급수의 맑은 물이 흐른다. 5000평의 넓은 공간에 많은 텐트를 칠 수 있으며 족구장과 샤워장, 매점, 몽골텐트 등을 갖추고 있다. 가로등과 캠핑장 주변 바위 아래에 전기 콘센트가 설치되어 있다.

【주】강원도 영월군 수주면 법흥1리 655
【연】033-374-9659, 011-9403-9659
【홈】www.solbatcamp.net
【찾】서울→외곽순환도로→영동고속도로→만종분기점→중앙고속도로→신림IC→88번지방도→황둔삼거리→411번지방도→섬안교삼거리→요선정삼거리→(법흥사)솔밭캠프장
【시】150여 동 텐트, 펜션, 야외 샤워장, 몽골텐트, 전기 사용 가능
【이】야영료 2만 원, 전기료 3,000원
【볼】법흥사와 호야지리박물관을 둘러볼 수 있다.

강 〉〉〉

대성레저캠프

북한강 강변에 자리한 대성레저캠프는 넓은 운동장과 레크리에이션장, 자전거 도로, 보트 선착장 등을 갖춘 곳이다. 텐트는 운동장이나 레크리에이션장 한쪽을 이용해 적당한 공간에 치면 된다. 여름철에는 배를 빌려 강변 유람에 나설 수 있다. 사계절 예약 없이 선착순으로 이용하며 화로와 바비큐 그릴도 사용할 수 있다.

【주】경기도 가평군 청평면 대성리 392-5
【연】031-584-2281
【홈】없음
【찾】서울외곽순환도로→퇴계원IC→47번·46번국도→진관IC→46번국도→금곡→새터→대성리→대성레저캠프
【시】텐트 100여 동, 화장실, 취사장, 식당, 자전거도로, 전기 사용 불가
【이】야영료 2만 원
【볼】캠프장 인근에 자리한 아침고요수목원은 에덴정원, 약속의정원 등 20개의 아름다운 정원으로 꾸며져 있다. 수목의 조화로운 풍경을 감상할 수 있다.

섬진강오토캠핑장

섬진강오토캠핑장은 캠핑장 외에도 낚시터, 족구장, 샤워장, 골프연습장 등을 갖춘 곳이다. 또한 캠핑장을 끼고 흐르는 강변에서 루어나 견지낚시를 즐길 수 있다. 각 사이트마다 전기 콘센트를 설치해 놓았으며 화로와 바비큐 그릴은 사계절 이용이 가능하다. 4월이면 벚꽃이 만발해 환상적인 캠핑을 즐길 수 있다.

【주】전남 곡성군 목사동면 구룡리 389
【연】061-362-8466, 011-604-1068
【홈】없음
【찾】서울→경부고속도로→호남고속도로→석곡IC→27번국도→석곡→능파사거리→11번국도→연화삼거리→18번국도→연화교→평리삼거리→용사리→섬진강오토캠핑장
【시】텐트 70여 동, 샤워장, 족구장, 낚시터, 화장실
【이】야영료 1만 5,000원
【볼】죽곡면에 소재한 대안사는 신라 때 창건한 사찰이다. 해탈교를 지나 경내로 들어가면 보물 제273호 적인선사조륜청정탑, 보물 제274호 광자대사탑 등의 문화재를 관람할 수 있다.

송호국민관광지

송호국민관광지 내에 위치한 캠핑장은 100년 이상 된 아름드리 소나무숲이 일품인 곳이다. 28만㎡ 규모의 관광지 내에 300여 동의 텐트를 칠 수 있으며 분수대, 장미꽃 터널, 살구꽃 동산, 조각공원, 놀이터 등 다양한 볼거리가 산재해 있다. 다만 캠핑장까지 차량 진입을 통제해 손수레로 짐을 운반해야 하는 단점이 있다.

【주】충북 영동군 양상면 송호리
【연】043-740-3228
【홈】tour.yd21.go.kr

【찾】서울→경부고속도로→영동IC→19번국도→양강→원당리삼거리→68번지방도→양상→송호국민관광지
【시】텐트 300여 동, 화장실, 취사장, 물놀이장, 어린이 놀이터
【이】입장료 500~1,000원, 2박 3일 기준으로 소형텐트(8인 이하) 1,500원, 주차료 없음
【볼】강선대, 용암, 여의정, 영국사, 비봉산, 봉황대, 함벽정, 자풍서당으로 유명한 양산 8경을 둘러볼 수 있다.

중도리조트

중도는 호수에 떠 있는 섬이다. 그래서 중도리조트에 가려면 배를 타고 들어가야 한다. 리조트 내에 있는 캠핑장은 500동 이상의 텐트를 칠 수 있을 만큼 드넓은 곳이다. 자유롭게 캠핑 사이트를 구축할 수 있으며 주로 원목 테이블이나 취사장 부근에 텐트를 치곤 한다. 릴 선만 있으면 화장실에서 전기를 끌어다 쓸 수 있다. 사계절 화로 사용이 가능하다.
【주】강원도 춘천시 중도동 603
【연】033-242-4881
【홈】www.gangwondotour.com
【찾】서울→외곽순환고속도로→강일IC→서울~춘천고속도로→춘천JCT→중앙고속도로→5번국도→효자동→근화동→근화도선착장→중도리조트
【시】축구장, 농구장, 소형 카트, 자전거 대여, 야외 수영장, 매점
【이】입장료 400~1,300원, 야영료 3,000원, 주차료 2,000원
【볼】호수에 떠 있는 섬이라 볼거리 대신 즐길거리가 많다. 특히 여름에는 다양한 수상 스포츠를 즐길 수 있다. 수상스키, 웨이크보드로 한여름 무더위를 날려 버리자.

바다 >>>

땅끝오토캠핑리조트

땅끝오토캠핑리조트는 해남에서 가장 유명한 송호리해수욕장을 끼고 있다. 드넓은 공간에 오토캠핑장과 야영장이 조성돼 있으며 10대의 캐러밴도 있다. 주차장과 캠핑 사이트가 잘 구획돼 있으며 사이트별로 원목테이블이 비치돼 있다. 세탁실과 탈의실까지 갖춘 최신 시설의 캠핑장으로 사계절 전기와 화로 사용이 가능하다.
【주】전남 해남군 송지면 송호리 1245
【연】061-534-0830
【홈】www.haenam.go.kr(초기 화면에서 '문화관광' 메뉴→'주요 관광지' 클릭)
【찾】서울→서해안고속도로→목포→2번국도→강진→18번국도→해남→13번국도→북평→77번도→송호리→땅끝오토캠핑장
【시】캐러밴, 탈의실, 세탁실, 화장실, 취사장
【이】야영료 15,000~20,000원(성수기 기준)
【볼】갈두산 사자봉에 위치한 땅끝전망대에 가면 보길도, 노화도 등 다도해 섬들을 조망할 수 있다. 해양자연사박물관도 가볼 만하다.

몽산포캠핑장

몽산포캠핑장은 피톤치드와 시원한 그늘이 일품인 곳이다. 해송과 어우러진 서해의 낙조가 환상적이며 매년 5월과 7월, 다채로운 축제가 열린다. 여름에는 굴과 맛소개도 깰 수 있다. 캠핑장 내에 취사장과 화

장실 등이 갖춰져 있으며 전기 콘센트도 설치해 놓았다. 단, 몇몇 시설은 성수기에만 문을 연다.
【주】충남 태안군 남면 신장리 산113-1
【연】041-672-2971, 011-409-9600
【홈】www.mongsanpo.or.kr
【찾】서울→외곽순환도로→조남IC→서해안고속도로→홍성IC→96번지방도→원창삼거리→77번지방도→산정리삼거리→몽산포해수욕장→몽산포캠핑장
【시】텐트 200여 동, 화장실, 취사장, 샤워장(여름), 전기 사용 가능
【이】야영료 1만 원
【볼】캠핑장 인근의 꽃지해변은 할미바위와 할배바위 사이로 떨어지는 낙조로 유명하다. 안면도자연휴양림 맞은편에 있는 안면수목원은 철쭉동산과 야생화 화원이 아름답다.

상족암오토캠핑장

경남 고성에 있는 상족암오토캠핑장은 해변을 따라 늘어선 기암절벽과 풍경이 아름다운 곳이다. 2009년 상반기에 '공룡엑스포'가 열린 이곳은 해안 산책로를 따라 공룡 발자국과 공룡 박물관 등을 둘러볼 수 있다. 화장실과 공동취사장 등이 갖춰져 있으며 야영장 바로 앞에 대형 주차장이 붙어 있어 짐 운반도 쉽다.
【주】경남 고성군 하이면 덕명리 12
【연】055-670-2827
【홈】없음
【찾】서울→강변북로→경부고속도로→비룡IC→대전통영간고속도로→고성IC→14번국도→고성→1010지방도→77번국도→삼산→하일→상족암군립공원→상족암오토캠핑장
【시】텐트 40여 동, 공동취사장, 화장실, 주차장, 전기 사용 불가
【이】야영료 당일 4,000원(1박 2일 시 8,000원), 샤워장 이용료 1,000원(성수기에만 사용 가능)
【볼】캠핑장 인근에 층층단애와 기암이 아름다운 병풍바위, 선녀가 목욕했던 선녀탕이 있다. 바닷가 조망이 일품인 문수암도가 볼 만하다.

송지호오토캠핑장

송지호오토캠핑장은 지난 2007년 개장했다. 시설이 비교적 좋고 관리도 양호한 편이다. 이 캠핑장의 가장 큰 장점은 7번국도변에 자리 잡고 있어 아름다운 동해바다를 언제나 볼 수 있다는 것이다. 또한 캠핑 사이트마다 식탁용 원목 테이블이 놓여 있어 여러모로 편리하게 쓸 수 있다. 그늘이 부족하다는 단점이 있다.
【주】강원도 고성군 죽왕면 오봉리 8-1
【연】033-680-3164, 681-5244
【홈】camping.goseong.org
【찾】서울→강변북로→삼패삼거리→6번국도→용문→용두로터리→44번국도→홍천→인제→원통→한계삼거리→46번국도→진부령→간성로터리→7번국도→송지호오토캠핑장
【시】텐트 90여 동, 샤워장, 취사장, 화장실, 전기 사용 불가
【이】야영료 2만 5,000원(주차료 포함)
【볼】송지호철새관망타워에 올라 주변 경관과 철새들을 관찰할 수 있다. 캠핑장 인근의 왕곡마을은 함씨와 최씨 집성촌으로 강원도 전통 가옥이 남아 있다.

해솔마을

수도권에서 인기 있는 캠핑장 중 한 곳이다. 캠핑장 찾아가는 길이 헷갈릴 수 있으므로 내비게이션에 주소 대신 '궁평리 해수욕장'이나 '궁평리 유원지'를 입력하면 정확하게 찾을 수 있다. 특별히 사이트가 갖춰진 것은 아니며 넓은 운동장에 각자 알아서 텐트를 치면 된다. 겨울철 캠핑을 위해 샤워장과 온수시설, 전기 콘센트 등을 설치해 놓았다.

【주】경기도 화성시 서신면 백미리 산 107-4
【연】011-9182-7110, 011-413-9341
【홈】www.pineville.co.kr
【찾】서울→46번국도→구일삼거리→1번국도→금천IC→서해안고속도로→비봉IC→309번지방도→남양초교삼거리→77번국도→318번지방도→상안리→309번지방도→서산→해솔마을
【시】텐트 30여 동, 취사장, 화장실, 샤워장, 전기 사용 가능
【이】야영료 2만 원
【볼】하루 두 차례 물길이 열리는 제부도는 매바위의 낙조와 바지락 칼국수로 유명하다. 갯벌에서 굴을 캘 수도 있다.

국립공원 >>>

달궁오토캠핑장

삼한시대 마한의 왕이 '달의 궁전'을 지었다는 전설을 품고 있는 달궁오토캠핑장은 지리산의 여러 캠핑장 중 가장 크고, 오토캠핑에 적합하도록 만들어졌다. 각종 부대시설도 잘 관리되고 있으며 캠핑장 내에 있는 나무들이 짙은 그늘을 드리워 준다. 취사장과 화장실은 사이트 어디에서도 가까운 거리에 있다.

【주】전북 남원시 산내면 덕동리 274
【연】063-625-8911
【홈】jiri.knps.or.kr
【찾】서울→경부고속도로→비룡분기점→대전남부순환도로→대전통영간고속도로→생초IC→3번국도→1034번지방도→서주삼거리→60번지방도→마천→산내→달궁오토캠핑장
【시】텐트 250여 동, 화장실, 취사장, 매점, 샤워장(여름)
【이】야영료 1,000~2,000원, 주차료 5,000원
【볼】달궁을 기점으로 성삼재, 정령치, 뱀사골, 실상사 등이 20~30분 거리에 있다. 체력이 뒷받침된다면 하루 만에 성삼재에서 뱀사골까지 미니 지리산 종주에 도전해 보자.

닷돈재야영장

송계계곡에 위치한 닷돈재야영장은 여름철 물놀이를 즐기기 좋은 곳으로 사계절 언제나 사용할 수 있다. 캠핑장은 크게 두 곳으로 나눠져 있으며 제1캠핑장은 각 사이트마다 사각형 목재를 둘러놓았다. 캠핑장 내에 화장실과 취사장 등이 갖춰져 있다. 밤 12시까지 캠핑장 곳곳을 가로등이 비춰

주기 때문에 밤에 도착하는 캠퍼들에게 큰 도움이 된다.
【주】충북 제천시 한수면 송계4리 67
【연】043-653-3250
【홈】worak.knps.or.kr
【찾】서울→영동고속도로→중부내륙고속도로→괴산IC→19번국도→방곡삼거리→517번지방도→추정삼거리→597번지방도→수안보→지릅재→만수휴게소→닷돈재야영장
【시】텐트 100여 동, 취사장, 화장실, 족구장, 전기 사용 불가
【이】야영료 800~2,000원, 주차료 5,000원
【볼】캠핑장 인근 만수골 자연탐방로에서 다양한 꽃과 나무를 접할 수 있다. 남문교 옆에 있는 사자빈신사지석탑(보물 제94호)은 사자 4마리가 탑을 바치고 있는 모습이 인상적이다.

상의야영장

주왕산 들머리에 자리한 상의야영장은 주왕산을 한눈에 조망할 수 있으며 최근 수세식 화장실과 샤워장을 신설했다. 사이트 구별은 없으며 계단식으로 구성한 것이 특징이다. 플라타너스가 우거져 한여름에도 시원한 그늘을 제공한다. 전기와 화로도 쓸 수 있고 텐트가 없어도 관리공단에서 제공하는 텐트와 매트 등을 빌려 캠핑을 할 수 있다.

사진 제공 **주왕산국립공원관리공단**

【주】경북 청송군 부동면 상의리 361
【연】054-873-0014~5
【홈】juwang.knps.or.kr
【찾】서울→영동고속도로→만종분기점→중앙고속도로→서안동IC→34번국도→안동→임동→진보(진안)→31번국도→청송→청운동삼거리→914번지방도→상의야영장
【시】텐트 60동 이상, 화장실, 취사장, 샤워장, 매점
【이】야영료 800~1,600원, 주차비 4,000원, 전기료 2,000원
【볼】인근 이전리의 주산지는 약 270년 전에 조성된 저수지이다. 30여 그루의 능수버들과 왕버들이 녹색의 물빛과 어우러져 환상적인 경관을 자랑한다.

소금강오토캠핑장

소금강오토캠핑장은 국내 국립공원 내에 있는 오토캠핑장 중 규모면에서 첫손에 꼽힌다. 사이트가 넓고 잘 정비되어 있어 거실형 텐트도 무리 없이 칠 수 있다. 캠핑장 부근에 소금강계곡이 있어 여름철 물놀이 장소로 그만이다. 옥수연, 연자소, 십자소 등 소금강의 절경에 찬탄이 절로 나온다. 세면장, 화장실, 취수장 등 각종 시설도 잘 갖춰져 있다.
【주】강원도 강릉시 연곡면 삼산리 58
【연】033-661-4161
【홈】odae.knps.or.kr
【찾】서울→영동고속도로→진부IC→6번국도→월정사앞삼거리→59번·6번국도→월정사삼거리→6번국도→소금강삼거리→소금강오토캠핑장
【시】텐트 100동 이상, 화장실, 취사장, 매

점, 샤워장
【이】야영료 800~2,000원, 주차료 5,000원
【볼】소금강에는 물 맑은 청심대와 9마리 용이 폭포 하나씩을 차지했다고 하는 구룡폭포, 식당바위 등의 명소가 있다.

자연휴양림 >>>

고산자연휴양림

고산자연휴양림은 동성산 아래 위치하고 있으며 물을 테마로 만든 휴양림이다. 휴양림 내에 분수대와 인공폭포, 물썰매장 등의 부대시설이 갖춰져 있어 가족 피서지로 적격이다. 물놀이뿐만 아니라 낙엽송, 잣나무 등이 빽빽한 산책로를 걸으며 삼림욕을 할 수 있고 인근 저수지에서 낚시도 가능하다.
【주】전북 완주군 고산면 오산리 산43-1
【연】063-263-8680, 063-240-4428
【홈】rest.wanju.go.kr
【찾】서울→호남고속도로→익산IC→799번지방도→장기삼거리→17번국도→고산→741번지방도→삼기리→732번지방도→13번군도→고산자연휴양림
【시】어린이놀이터, 다목적인조구장, 취사장, 화장실
【이】입장료 300~1,000원, 야영장 3,000원, 오토캠핑장 5,000원, 주차료 3,000원
【볼】운암산과 동성산이 둘러싸고 있는 대아저수지가 있으며 인근의 위봉폭포는 높이가 60m인 2단 폭으로 완산8경 중 한 곳이다.

미천골자연휴양림

'쌀 뜬 물이 흐르는 골짜기'라는 뜻의 미천골은 태백산맥 동편 오지로 원시자연 그대로의 생태계가 잘 보존된 산림과 계곡에 휴양림이 조성되어 있다. 두 곳의 야영장과 한 곳의 오토캠핑장이 있으며 이 외에도 다목적광장, 숲속의집, 정자, 약수터, 체력단련장, 등산로, 산책로, 어린이놀이터, 물놀이터, 대운동장, 족구장 등이 갖춰져 있다.

【주】강원도 양양군 서면 서림리 산89
【연】033-673-1806
【홈】www.huyang.go.kr
【찾】서울→강변북로→외부→6번국도→청운→44번국도→홍천→철정삼거리→451번지방도→상남→31번국도→방태교→418번지방도→서림삼거리→56번국도→미천골자연휴양림
【시】텐트 100여 동, 샤워실, 화장실, 취사장
【이】입장료 300~1,000원, 야영 데크 4,000원(주차료 3,000원 별도), 오토캠핑 8,000원
【볼】미천골 초입에 있는 선림원지는 통일신라시대의 절터로 보물 제444호 3층석탑이 있다. 토종꿀 보호구역으로 지정된 곳과 불바라기 약수터도 가 볼 만하다.

서귀포자연휴양림

서귀포자연휴양림은 50년 이상의 수령을 가진 비자나무, 삼나무, 주목 등이 울창한 숲을 이루고 있어 삼림욕을 즐기기 좋으며 숲을 따라 흐르는 계곡에서 물놀이를 할 수 있는 곳이다. 휴양림 내에 전망대, 삼림욕장, 생태관찰로, 잔디광장, 족구장, 배구장, 어린이놀이터 등이 갖춰져 있다. 화장실과 취사대 같은 편의시설도 잘 마련되어 있다.
【주】제주도 서귀포시 대포동 산1-1

【연】064-738-4544
【홈】huyang.seogwipo.go.kr
【찾】제주공항→7호광장→12번·16번국도→16번국도→LG마트앞로터리→1139번지방도→어승생저수지→1100고지휴게소→서귀포자연휴양림
【시】텐트 20여 동, 화장실, 취사장, 물놀이장, 전기 사용 불가
【이】입장료 300~1,000원, 야영데크 4,000원, 야영 2,000원, 주차비 2,000원
【볼】근처에 있는 영실기암은 영주12경 중 하나로 수백 개의 기암이 솟아 있는 형상으로 '오백나한'으로 불리기도 한다. 이곳의 겨울 눈꽃은 한라산의 최고 절경이다.

용화산자연휴양림

용화산자연휴양림은 다른 휴양림에 비해 캠핑장이 넓진 않지만 숲 체험을 할 수 있는 삼림욕장과 더운물이 나오는 샤워장, 몽골텐트 등 그 어떤 휴양림보다 시설이 뛰어난 곳이다. 야영 데크마다 전기 콘센트가 설치되어 있으며 용화산까지 산행도 가능하다. 거실형 텐트를 칠 수 있는 공간이 없어 아쉽다.
【주】강원도 춘천시 사북면 고성리 1
【연】033-243-9261
【홈】www.huyang.go.kr
【찾】서울→외곽순환도로→퇴계원IC→47·46번국도→진관IC→46번국도→가평→의암교→403번지방도→신매대교→70번지방도→춘천댐→56번국도→407번지방도→양통→용화산자연휴양림
【시】텐트 20동, 몽골텐트, 샤워장, 화장실, 취사장, 전기 사용 가능
【이】입장료 300~1,000원, 야영 데크 4,000원(주차료 3,000원 별도), 오토캠핑 8,000원
【볼】휴양림을 품고 있는 용화산의 곰바위, 새남바위 등 기이한 바위들이 볼 만하다. 인근에 신숭겸 장군 묘지와 애니메이션 박물관도 둘러보자.

중미산자연휴양림

중미산자연휴양림은 해발 834m 중미산의 농다치고개 너머 분지에 있으며 휴양림을 중심으로 북쪽에 중미산, 동쪽에 소구산 줄기가 병풍처럼 에워싸고 있다. 서울에서 1시간 거리에 있고 수세식 화장실, 취사장, 야영 데크 등의 편의시설이 잘 갖춰져 있어 서울 인근의 캠퍼들이 즐겨 찾는다. 2곳의 캠핑장이 있는데 낙엽송이 우거진 제2캠핑장이 삼림욕을 즐기기에 좋다.
【주】경기도 양평군 옥천면 신복3리 산 201-2
【연】031-771-7166
【홈】www.huyang.go.kr
【찾】서울→강변북로→수석동사거리→삼패삼거리→6번국도→양서→옥천로터리→101번지방도→동촌사거리→37번국도→중미산삼거리→중미산자연휴양림
【시】텐트 60여 동, 취사장, 수세식 화장실, 샤워장(여름), 오물 처리함
【이】입장료 300~1,000원, 야영 데크 4,000원(주차료 3,000원 별도)
【볼】휴양림 인근 개군면 산수유 마을에서 4월 초에 산수유 축제가 열린다. 또한 천연기념물 제30호로 지정된 용문사의 천년 고목 은행나무도 볼 만하다.

찾아보기 INDEX

ㄱ
가스 랜턴　30
거실형 텐트　13, 56~57

ㄴ
내수압　15, 17

ㄷ
WR　15
WP　15
더치오븐　38~39, 98~101
데니어　14
덴서티　14
돔형 텐트　13

ㄹ
랜턴 걸이　44~45
렉타 타프　16, 60~61
릴랙스 체어　29

ㅁ
맨틀　66~67
멀티 스탠드　45
모터 홈(Motor Home)　10, 40

ㅂ
보울라인　75
불 피우기　102

ㅅ
산패현상　99
삼각대　42
설거지통　44
수선용 키트　82
스킬렛　99
스테인리스 코펠　37, 97
스트링　17
스펀지 매트리스　20
시즈닝　100~101

ㅇ
IGT(아이언그릴테이블)　25, 29
알루미늄 코펠　36, 96
알루마이트　28, 43
에어 매트리스　20
LNT 프로그램　116
우모 침낭　22
UV코팅　15
이소부탄　19
이중 8자 매듭　72
인조 솜 침낭　23

ㅈ
전지 랜턴　30

ㅊ
차콜 스타터　44

ㅋ
카고 트레일러　40
캐빈형 텐트　12
캡틴 체어　29
캠핑 스토브　18
캠핑 트레일러　40~41
쿨러　42
클렘하이스트 매듭　77
키친 테이블　24~25

ㅌ
토트라인 히치　74
투 버너　19
투 하프 히치　73

ㅍ
파이버글라스　14
파일 침낭　23
폴　14
폴딩형　28, 41
피셔맨스 매듭　76
PU코팅　15

ㅎ
하드 아노다이징　36
해먹 만들기　78
헥사 타프　17, 58~59
휘발유 랜턴　30
휘발유 버너　18

이철규

1987년 대학 산악부 활동을 시작으로 캠핑 생활을 시작했다.
1994년 〈사람과산〉에 입사해 기자로 활동했다.
이후 월간〈mountain〉과 월간〈outdoor life〉를 거쳐
2006년 '아우토반 디자인하우스'에서 발행한
국내 최초의 오토캠핑 잡지 〈autocamping〉을 창간했다.
현재 숲 해설과 여행 작가로 활동 중이며
오토캠핑과 트레킹, 여행에 관한 글을 쓰고 있다.

오토캠핑 핸드북

1쇄 - 2009년 9월 21일
2쇄 - 20011년 5월 19일
지은이 - 이철규
발행인 - 허 진
발행처 - 진선출판사(주)
편집 - 이미선, 최지선, 차슬아, 최철민, 이승주
디자인 - 안중용, 김연수, 이상량, 고은정
마케팅 - 이종상, 강경희, 이한나
총무 - 라미영, 이영원
제작·관리 - 유재수, 김영민
주소 - 110-220 서울시 종로구 팔판동 88번지
　　　대표전화 (02)720-5990 팩시밀리 (02)739-2129
　　　인터넷 홈페이지 http://www.jinsun.co.kr
등록 - 1975년 9월 3일 10-92

＊책값은 커버에 있습니다.

ⓒ 이철규, 2009
편집ⓒ 진선출판사, 2009
ISBN 978-89-7221-622-3 14980
ISBN 978-89-7221-513-4 (세트)